クイズで学ぼう！

古典文法

基礎編

松本憲和・久米真美

新評論

はじめに

日本人の古文離れ、古文嫌いが進んでいるとよく言われる。

たしかに古文は読みづらい。なかでも大学入試で出題される物語文学は難解で、これを読める高校生がいることがにわかには信じられない。ひょっとして親が国語教師か古典芸能関係者で、彼もしくは彼女の家では特別の国語教育が行われているのではないか――古文の成績が良い人は、周囲からそんなふうに思われているかもしれない。

かくいう私（松本）も高校時代は古文が苦手で、やはりこのように考えて自分の才能のなさを慰めていたのだが、本当はそうではなかった。

のちにひょんなことから予備校で古文を教えることになり、『源氏物語』を3年間集中的に独学、30歳にして古文の面白さに開眼した結果、古文が「読める」かどうかは両親の職業とは無関係であると知った。

古文を読むことはたしかにむずかしい。しかし、大学入試古文で合格点をとることは、案外かんたんなのである。

さて30歳で古文に開眼した私は、平成元年（1989年）に大学入試のための国語専門塾「ニルの学校」(以下「ニル」と略す。詳細は巻末参照)を始めた。古文のテキストは『源氏物語』である。

基礎文法のマスターに3か月、続いて6か月にわたる『源氏物語』の演習で応用力をつけ、最後の3か月は入試問題演習による受験対策。これが当初の1年間のカリキュラムであった（現在は1年4か月のカリキュラムもある）。

最初の教室は新宿百人町にある豆屋の2階の2部屋、トイレは男女共用だった。その後高田馬場、渋谷と移動し、現在は代々木駅前で開業している。気がつけば今年で開塾23年。小さな塾だが、設立当初から、大手塾の国語科に負けないように努力を重ねてきた。

そのかいあって、いまや「最短1年で合格点までもっていける唯一の大学入試国語専門塾」とまで言われるようになった。これまで誰にも真似のできないことをやってきたという自負がある一方で、ニルの手法を真似る塾が出てこないことに寂しさを感じる。

ニルの生徒数は1年に平均約200人、これまでに通算4000人以上の首都圏の高校生がニルで学んできたことになり、すでに社会的に一定の評価は得たのではないか。そんなことを考えていた折、卒業生や講師仲間から、私が独自に編み出したニルのメソッド（解き方）をそろそろ公表してはどうかと持ちかけられた。たしかにそうすれば、より多くの「古文嫌い」の方々の益となる。それに、自分のつくったものを恥ずかしがって隠す年でもない。そこで、解き方の基礎を世に問うてみることにした。

私は現在、週に3日教壇に立ち、大学受験に臨む現役高校生を指導しているが、最近ある女子生徒から「古文がなかなか好きになれない、どうしたらいいか」と悩みを打ち明けられた。「たとえば、一度嫌だと思った人を努力して好きになるのはけっこうむずかしいよね。でも、古文は人ではなくて学問なんだから、努力して基礎学力をつければ次第に読めるようになり、読めるようになればおもしろくなるし、テストの点も上がってくる。だから、あせらないで少しずつ努力すれば、今は嫌いでもいずれ好きになれるよ」。私はこう言って励ました。彼女はそれで安心したのか、「頑張ります」の一声を残して笑顔で帰っていった。

当然のことだが、どんな学問でもそれをものにするためには、まず基礎学力を積み上げることが必要である。では古文の場合、「読めるようになる」ための基礎学力とは何か。それは次の**4つの基礎文法の知識**である。

① 係助詞・副助詞・終助詞・接続助詞・格助詞のなかの入試頻出事項。
② 70ある敬語動詞のうち、頻出するその半数の用法と、主語決定に果たすその役割。
③ 古文単語最低500、なかでもとくに重要な副詞の慣用句的用法。
④ 28個の助動詞およびその複合形についての知識。

本書では紙数の都合で、②のうち「主語決定」と④の古文単語５００はほとんど言及していないが、その他の事項はすべてとりあげたので、一読すれば古文の基礎文法知識のほぼ全貌をイメージすることができる。もちろん基礎学力とは①〜④を総合した学力であるから、本書の学習だけで基礎学力の完成というわけにはいかないが、これが「基礎の第一歩」であることは間違いない。

本書は、この「基礎の第一歩」をていねいに紹介し、古典文法の全体像をイメージしてもらうとともに、択一クイズ形式で楽しく学びながら「入試で点をとれる」ようになるための文法入門書である。一義的には入試対策に主眼を置いたが、学校時代にやった文法をすっかり忘れてしまった社会人の方々の古文再入門書としても役立つはずである。

つづいて本書の構成を述べておこう。

「ニルメソッドとは何か」では、平成22年（２０１０年）１月に実施された大学入試センター試験（国語・本試）の第３問（古文、配点50）を題材に、「ニルメソッド」を具体的に紹介する。なぜこの問題なのかというと、この年の古文は課題文が難解で、ほとんどの受験生は読み解くことができず、10点とるのがやっとだったからである。その結果、国語の平均点は２００点満点中１０７点となった（例年よりも約４点低い）。ところがニルの生徒は、（課題文があまり読めなくても）ほとんどの者が８割（40点）を得点できたのである。つまりこの年のセンター入試問題こそ、「ニルメソッド」の秘密を知る鍵なのである。

次の「**クイズで基礎文法を学ぼう**」では、センターや私大の入試問題のなかから択一問題を精選し、**課題文の内容とは切り離して、それだけで解いてゆく**。本書の題名を「クイズで学ぼう」としたのは、古文を入試問題ではなくクイズとして見ていこうという考えによる。誰にも親しみやすいクイズのスタイルを採ることで、大学受験生だけでなく、中学生でも社会人でも古文に抵抗なく親しんでもらえるはずである。ただし、解くのに必要な基礎文法の知識については詳しい解説を付した。クイズを解き、解説をじっくり読むことで、基礎的な文法知識を身につけることができるようになっている。もちろん、すでに文法をご存じで、退屈と思われた読者は解説を読み飛ばしてもらってもかまわない。

前置きが長くなった。さあ始めよう。

「クイズを解きながら古文の基礎を手軽にマスターする」講座へようこそ。

クイズで学ぼう！　古典文法［基礎編］／目次

「ニルメソッド」とは何か

ここではまず平成22年（2010年）1月に実施された大学入試センター試験の問題（国語・本試）の第3問（古文、配点50）を使って、「ニルメソッド」による択一問題の解き方を紹介する。

本題に入る前の確認事項として、センター試験の国語は現国2題（評論文・小説）、古文、漢文の計4題、すべて択一問題から構成され、4題を80分で解かなければならない。点数配分は各50点ずつの計200点。ちなみにこの年の全国平均点は107点であった。4題なので単純に時間を四等分すると、1題当たりの制限時間は20分となる。設問は全部で6問。まずはご一読を。

第3問　次の文章は、『恋路ゆかしき大将』の一節で、恋路大将が大風の吹いた翌朝に参内する場面である。これを読んで、後の問い（問1〜6）に答えよ。

暁方になる[a]ままに、おびたたしう吹きまさりたる風の紛れに、いと疾《と》う内裏《うち》へ参り給《たま》ひぬ。

「今宵《こよひ》は中宮の御宿直《とのゐ》なりけるが、下《お》りさせ給ひけるままに、上《うへ》は藤壺《ふぢつぼ》にわたらせ給ふ」と聞こゆれば、そなたざまへ参り給ふに、立て蔀《じとみ》など、よろづの所あらはに、例ならず見わたされて、姫宮の御方の御小壺《こつぼ》[注(1)]の叢《くさむら》に、童《わらは》べ下りて、虫屋[注(2)]ども手ごとに持《も》たり。御覧ずるとて、二宮《にのみや》、御簾《みす》を高くもたげさせ給へるに、十一、二ばかりにやと見ゆる御丈立《たけだ》ちにて、うつぶきて立て給へれば、前へ靡《なび》き掛かれる御髪《みぐし》の削《そ》ぎめふさやかに、絵に描《か》きたらん心地して、まみ・額・髪《かん》ざし、かの雪[注(3)]の朝《あした》の御面影なる[b]ものから、なほけしき異《こと》にて気高う、匂《にほ》ひも光も類《たぐひ》なき御さまは、姫宮にこそはおはしますめれ。よろづのことに騒がず鎮まる御心も、ただ今はいかがはあらん、深く心騒ぎして、おどろかれ給ふ。我が上の空にもの憂く浮きたつ心は、この御さまなどを朝夕見奉らんには慰めなんかし、さりとて注(4)当時、世の常に思ひ寄るべき御年のほどならねど、アただまぼり奉らまほしきに、「あはれ、雛屋《ひいなや》に虫のゐよかし。一つにあらば、いかに嬉《うれ》しからん」とのたまへば、二宮、「あらわろや。苔《こけ》や露も入れさせ給はば、雛のため、いかにうつくしからん」と笑ひ聞こえ給へば、げにと思《おぼ》したるさまにて、イまめだち給へる御まみのわたり、見る我もうち笑まれて、幾千代まぼるとも飽く世あるまじきに、おとなしき人参りて引き直しつれば、口惜しうて歩み過ぎ給ふ。

A　注(5)宮城野《みやぎの》にまだうら若き女郎花《をみなへし》移して見ばやおのが垣根

参り給へれば、夜もすがら風に萎《しを》れける前栽《せんざい》御覧じて、端つ方におはします。女御は、いと薄き注(6)蘇芳《すはう》に注(7)吾亦《われも》紅《こう》の織物ひき重ねて奉れる御さまの、ありつる御面影ふと思ひ出《い》でらるるも、なつかしき心地すれど、殊に見やり奉らぬさまなり。朝顔の枝を持《も》給へりけるを、御前に参らせ給ふ。

B　朝顔の朝露ごとに開くれば秋は久しき花とこそ見れ

上、「注(8)おのづから栄《えい》を為《な》す」とうち誦《ずん》じさせ給ひて、

C　千年《ちとせ》経《ふ》る松にたとふる朝顔のげにぞ盛りの色は久しき

大将は、ありし御面影の身を去らぬままに、奈良《なら》にこそこまかなる細工はあん[c]なれと、召し集《つど》へたるに、虫も雛も一つにて濡《ぬ》れて苦しみあるまじきさまにしつらはせ給へる雛屋のさま、御心の際《きは》、そこひなくめづらかなり。雛多く人に作らせて据ゑ給ひつつ、藤壺に奉らせ給ふ。「思ひかけず人の賜《た》びて侍《はべ》るを、参るべき御方もやとてなん。上の見参《げざん》にも入れさせ給へ」と、「注(9)大納言の君」と上書きして奉り給ふ。物の端に、

D　松虫の千年の例《ため》しあらはれて注(10)玉の台《うてな》の家居《いへゐ》をぞする

上もこの御方にて、もて興ぜさせ給ふに、注(11)中納言の乳母《めのと》、「これは、野分《のわき》の朝顔はせ給ひしものになん侍る。『世の中あらはに侍りしに、二宮の御簾をもたげさせ給ひしに、つくづくと見入れて立ち給へりし』と、後に

人の申し侍りしは、まことなりけり」と聞こゆるを、X上、いとも興あり、えならぬことに思されて、笑み入らせ給ふ。さりとも世の常におどろかれぬ数には思はじものを。いかで心動かさするわざせんと、なべてかなはぬ世も怨《うら》めしきに、これをさも思ひ聞こえんはおもしろきこと、と思さるるぞ、めづらしき人の御癖なる。御返し、上、

E　雲居なる千代松虫ぞ宿るべき君が磨ける玉の台に

事しもこそあれ、いつしかねぢけたる御祝ひ言《ごと》なりや。待ち見給ふ御心地は、顔うち赤みて、いとど身のほど心おごりし、上の御注(12)ならはし・御心ざしをぞ、この世のみならず思ひ続け給ふ。

我が御殿の三条院のおほかたの寝殿にはあらで、また磨き造らるる西面《にしおもて》に、九間《ま》ばかりなる所に、雛屋を作り続けて、注(13)九重の中の有様、旧《ふる》き名所名所も、変はらず写し作らせ給ふとて、注(14)指図よ何よと、これよりほかのことなくしつらひ置かせ給ふを、「何ごとぞや」と、ウつきしろひ煩ひ聞こえけり。我が御心地にも、そぞろなd ることかなとをかし。

F　我ながら言ふかひなやと思ふかな野なる虫にも宿を占めさす

Yかつはをこがましう、かかるいたづらごとのし置かるるも、上の空なる注(15)心化粧《こころげさう》なり。その年も暮れぬ。

注）(1)小壺——小さな中庭。
(2)虫屋——虫かご。
(3)かの雪の朝の御面影——昨年の冬、帝《みかど》は藤壺女御の姿を恋路大将が見るようにしむけたことがあった。
(4)当時——現在。
(5)宮城野——宮城県仙台市東部の平野。ここでは、宮中の意味が込められている。
(6)蘇芳——黒みがかった赤色。
(7)吾亦紅——秋に暗紅紫色の小花をつける草。ここでは、それをかたどった織物の模様。
(8)おのづから栄を為す——「松樹千年終《つひ》に是《こ》れ朽ちぬ　槿花《きんくわ》一日自《おのづか》ら栄を為す」（『和漢朗詠集』秋・槿《あさがほ》・白居易）の

一節。

(9)大納言の君――藤壺女御付きの女房。

(10)玉の台――豪華な建物のこと。

(11)中納言の乳母――姫宮の乳母。

(12)御ならはし――恋路大将に対する帝のお引き立て。

(13)九重――宮中のこと。

(14)指図――見取り図。ここでは、雛屋の図面のこと。

(15)心化粧――相手によく見られようと、自分の言動や容姿に気を配ること。

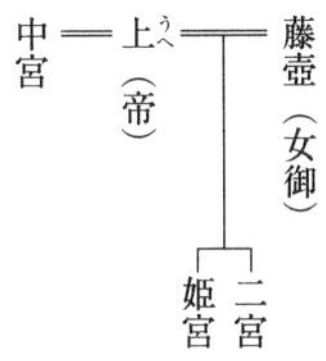

問1　傍線部（ア）～（ウ）の解釈として最も適当なものを、次の各群の①～⑤のうちから、それぞれ一つずつ選べ。

（ア）　ただまぼり奉らまほしきに

①　恋路大将は二宮・姫宮の兄妹を後見していらっしゃったが

②　姫宮が雛屋を一途に見つめ続けていらっしゃると

③　恋路大将は姫宮をしっかりお守り申し上げたが

④ 恋路大将は姫宮をひたすら見つめ申し上げたく思っていると
⑤ 二宮は妹の姫宮を何とかお守り申し上げたいと願っていたが

(イ) まめだち給へる御まみのわたり

① 本気になっていらっしゃる御顔つき
② 正直さをあらわしていらっしゃる御まなざし
③ 真面目な顔をなさっている御目もと
④ お健やかな様子がうかがわれる御表情
⑤ 懸命さを漂わせておられる眉間の御様子

(ウ) つきしろひ煩ひ聞こえけり

① 白い目を向けて、非難申し上げていた
② つつきあって、面倒なことと思い申し上げていた
③ 声をひそめあって、うわさ話をなさっていた
④ 迷惑がって、耳障りなこととお聞きになった
⑤ 頭を寄せあって、嘆き申し上げていた

問2 傍線部a～dの文法的説明の組合せとして正しいものを、次の①～⑤のうちから一つ選べ。

① a 動詞 b 断定の助動詞 c 伝聞推定の助動詞 d 形容動詞の一部
② a 伝聞推定の助動詞 b 断定の助動詞 c 動詞 d 断定の助動詞

③　a　動詞　b　形容動詞の一部　c　断定の助動詞　d　伝聞推定の助動詞
④　a　動詞　b　形容動詞の一部　c　伝聞推定の助動詞　d　形容動詞の一部
⑤　a　伝聞推定の助動詞　b　動詞　c　断定の助動詞　d　形容動詞の一部

問3　傍線部X「上、いとも興あり、えならぬことに思されて、笑み入らせ給ふ」とあるが、帝が「笑み入らせ給うたのはなぜか。その理由として最も適当なものを、次の①〜⑤のうちから一つ選べ。

①　常日ごろは真面目な恋路大将が姫宮をのぞき見するという行動に及んだことを、情けなく意外に思ったため。
②　数多い娘の中でも目立たない姫宮が前途有望な恋路大将に気に入られたことを、嬉しく思ったため。
③　いつも落ち着いている恋路大将が姫宮に強く惹かれるようになったことを、喜ばしく満足に思ったため。
④　恋路大将に姫宮をのぞき見させるという戯れの計画が思い通りに運んだことを、おもしろく愉快に思ったため。
⑤　雛遊びに夢中で幼く見える姫宮が恋路大将にあこがれの思いを抱いていることを、ほほえましく思ったため。

問4　A〜Fの歌に関する説明として適当でないものを、次の①〜⑤のうちから一つ選べ。

①　Aの「女郎花」は姫宮のたとえであり、「宮城野」から「おのが垣根」にそれを移してみたいというのは、恋路大将の、姫宮を宮中から我が邸に迎えとりたいという願望を表している。
②　B・Cの歌のやりとりでは、Bがはかない「朝顔」の花を毎朝咲くことから「久しき花」ととらえ直

して帝への祝意を込めたのに対して、Cでは「朝顔」を恋路大将にたとえて、その美しさを讃えている。

③　Dは、Cの「松」を受けて「松虫」を詠み込む。Dの「玉の台」には、姫宮に贈られた人形の家がたとえられており、「玉の台」に住む「松虫」にもまして、姫宮が栄えるようにという恋路大将の気持ちが込められている。

④　Eの「玉の台」は恋路大将の邸を示し、「雲居」すなわち宮中からそこに移り住むことになる「松虫」は姫宮のたとえであり、直接の歌のやりとりではないものの、Aに込められた恋路大将の願望が受け入れられたことを示している。

⑤　Fの「言ふかひなや」の「ひなや」には「雛屋」が掛けられており、身分の高い姫宮を「雛屋」のような小さな邸に迎えることについてふがいなく思う恋路大将の気持ちが込められている。

問5　この文章を通して、傍線部Y「かつはをこがましう、かかるいたづらごとのし置かるるも、上の空なる心化粧なり」にいたる恋路大将の心情の変化の説明として最も適当なものを、次の①～⑤のうちから一つ選べ。

①　恋の思いに動かされることもなかった心が、姫宮の姿を見てからは落ち着かず、その面影を忘れることができなくなってしまった。姫宮の気を引くために贈り物に心を砕いているが、夢中になる一方で、それを我ながら馬鹿げているとも思っている。

②　恋にあこがれて落ち着かずうわついていた心が、姫宮の姿を見てからはその面影を一途に追い求めるようになってしまった。姫宮の気を引くために贈り物に心を砕いているが、熱心に取り組んでいる一方で、我ながらその熱意を不思議だとも思っている。

③　恋の思いに漠然と浮かれていた心が、姫宮の姿を見てからは許されない恋に苦しめられるようになってしまった。姫宮の気を引くために贈り物に心を砕いているが、夢中になる一方で、我ながらその恋に罪悪感を抱き、帝に申し訳ないとも思っている。

④　藤壺女御への恋を奥に秘めて沈んでいた心が、姫宮の姿を見てからはその面影を忘れられず、落ち着かない状態になってしまった。姫宮の気を引くために贈り物に心を砕いているが、熱心に取り組んでいる一方で、女御への裏切りを我ながら情けないと思っている。

⑤　藤壺女御への恋に浮かれていた心が、姫宮の姿を見てからはますますその母である女御を一途に思いつめるようになってしまった。女御の気を引くために姫宮への贈り物に心を砕いているが、真剣に取り組んでいる一方で、それを我ながらじれったいとも思っている。

問6　この文章の内容に合致するものを、次の①〜⑤のうちから一つ選べ。

①　恋路大将が参内した時、女房が、「昨夜帝は中宮のところにお泊まりになりましたが、今朝こちらにお戻りになってから藤壺女御のところへお出かけになりました」と語った。

②　「お人形のところに虫がいるといいのに」という姫宮の言葉を、「虫を入れるなら苔や露も必要になり、見苦しくなってしまうからやめなさい」と二宮が打ち消した。

③　恋路大将は、わざわざ奈良から呼び集めた細工職人が作った贅沢な人形の家が、虫を入れたために濡れてしまっても、たいして苦にしていないようにふるまっていた。

④　恋路大将は、たまたま人からもらった人形の家を誰にあげればよいのか思いあぐねて、最終的には大納言の君に相談し、姫宮に差し上げることにした。

⑤　恋路大将は、自分の邸の美しく磨き上げて造った室内に、人形用の家を次々と作り、宮中の様子や名所の風情をもそっくりそのままに作らせようとした。

＊原文にない補足語は（　）で示した。

【課題文の直訳】

夜明け前になるにつれ、いよいよ激しく吹いている風に紛れて、（恋路大将は）たいそう早く内裏に参上なさった。「昨夜は中宮様が帝のお相手をしてお泊まりであったが、（中宮が自分の御殿に）お下がりになるとすぐに、帝は藤壺にお出かけになった」と、（女房が大将に）申し上げるので、（大将が）そちらの方へ参上なさると、（藤壺の御殿は）立て蔀（衝立）などが（倒れているので）、すべての場所が丸見えに、普段と違って見渡されて、（かつまた）姫宮のお住まいの小さな中庭の草むらに、子どもたちが下り、手に手に虫かごを持っている。（その様子を）ご覧になるからと言って、二宮（が）、御簾を高く持ち上げさせなさったところ、（大将の視野に入ってきた少女は）十一、二歳ほどであろうかと思われるお背丈で、うつむいてお立ちになっているので、前に垂れかかっている御髪の切り落とされた先がふさふさと、絵に描いたような感じがして、目元・額・髪のかたちは、あの雪の朝の（藤壺女御そっくりの）お顔かたちであるけれども、やはり趣は違って気品があり、美しさも輝きも並ぶものがないご様子は、姫君でいらっしゃるようだ。何事にも動じず落ち着いた（大将の）御心も、（姫を見た）今回はどうであろうか、ひどく胸騒ぎがして、びっくりなさらずにはいられない。自分のそわそわして苦しく落ち着かない気持ちは、この（姫君の）お姿などをいつも見申し上げるならばきっと楽しませることができるだろうよ、そうかといって現在（姫はまだ幼くて）、普通に求愛できるお年頃ではないが、（大将が）ただ見つめ申し上げたく思っていると、「ああ、雛屋（雛人形の家）に虫がいたらいいよ。（雛と虫が）一緒であるなら、どんなに嬉しいだろう」と（姫君が）おっしゃるので、二宮（は）「おやよくないなあ。苔や露もお入れになるなら、雛にとって、どんなに綺麗だろう」と（姫君に向かい）笑い申し上げなさるので、（姫君は）なるほどとお考えになった様子で、本気になりなさっている（姫君の）御目もとのあたりを、見る自分（大将）も微笑まれて、何千年（姫君を）見つめるとしても、飽きることなどありそうにないが、年配の女房が参上して（御簾を）引いて元に戻してしまったので、（大将は）残念に思って歩いて通り過ぎなさる。

A（大将）宮城野に（咲く）まだ若々しい女郎花をわが家の垣根に移して見たいなあ。

（宮中に育ったまだ幼い姫君を私の家に妻として迎えて見たいなあ）

（大将が帝の所に）参上なさったところ、（帝は）一晩中（吹いた）風でしぼんだ前栽《せんざい》（植え込み）をご覧になって、端のほうにいらっしゃる。（藤壺）女御は、とても薄い蘇芳色の袿《うちき》（表着）の上に吾亦紅の模様を織り出した小袿を重ねてお召しになっている（その）お姿が、先ほどの（姫君の）お姿を不意に思い出させ、心引かれる感じがするけれど、（大将は女御に）特別に視線を向け申し上げない様子である。（大将は）朝顔の枝をお持ちになっていたのを、帝に差し上げなさる。

B（大将）朝顔は朝露のおりるたびに（朝になると）花開くので、秋にはいつまでも（永遠に）咲く花と見ます。

（朝顔が長く咲くように、帝のご繁栄が長くつづくことをお祈りします）

帝「おのづから栄を為す（栄華は儚いものだ）」と、（白居易の漢詩の一節を）口ずさみなさって

C（帝）（あなたが）千年生きる（長寿の）松にたとえる朝顔は長く咲くが、その朝顔のようにあなたの今朝のお顔は本当にいつまでも若々しいですね。

大将は、以前見た（姫君の）お姿が自分自身から離れないので、奈良に細かい飾り物を作る職人がいるそうだと（聞いて）、お呼び集めになったが、虫も雛人形も一緒で、濡れて不都合がなさそうに飾りつけさせなさった雛屋の様子や、（大将の）深いお心配りは、限りなくすばらしい。雛人形を多く職人に作らせて（雛屋に）置きなさっては、藤壺（女御）に献上なさる。「（この雛屋は）思いがけず人が（私に）下さっていますが、差し上げてよいお方がおられるかと思って献上しました。帝のお目にもかけて下さい」と（書き）、「大納言の君へ」と手紙

の表に上書きして差し上げなさる。何かの端に（次の歌を書いて添えた）

D（大将）千年も生きるというしるしがあらわれ、松虫の住む雛屋が長くつづくように、姫君の住む玉の台が長く繁栄しますように。

帝もこの（藤壺の）御住まいで、（大将の贈り物に）興味をもちなさるので、中納言の乳母（が）「これは、大風の吹いた朝に（姫君が）お望みになったものでございます。『あたりが丸見えでございましたが、二宮が御簾を持ち上げさせなさったところ、（大将は）じっと中をのぞきこんで立ちなさっていた』と、後に人が申しましたのは、本当であったなあ」と申し上げるのを、帝は、とてもおもしろい、なんともいえないほど素晴らしいことをお思いになって、心からお笑いになる。そうはいっても（大将は姫君を）世間並みで（女性に対する）目を覚まさせない大多数（どこにでもいる女性）とは思わないだろうけれど。何とかして（大将の）気持ちを動揺させることをしたいと、すべて（帝の）思うようにならない（大将の）女性関係が残念なので、（大将が）この姫君をそのように愛し申し上げるならば愉快なことだと、お思いになるのは、めったにない（帝の）ご習癖である。ご返事（として）、帝は

E（帝）宮中に住む千年生きる松虫は移り住むでしょう、あなたが飾り立てた豪華な建物に。（姫君は妻となってあなたの豪邸に住むことになるだろう）

こともあろうに、早速のひねくれたお祝いの言葉であるなあ。待って（返歌を）ご覧になる（大将の）お気持ちは、顔がほんのり赤らんで、いっそう自分の境遇が得意に思われ、帝の（自分に対する）お引き立て・御好意を、今生だけでなく（前世からの因縁だと）思いつづけなさる。

（大将は）自分のお屋敷の三条院のような普通の寝殿ではなく、それとは別に美しく飾り立てることができる西向きの部屋に、九間ほどである場所に、雛屋を作りつづけて、宮中の中の有様、古い名所も、そっくり写し作ら

せなさろうと考えて、雛屋の図面から何からと、これ（雛屋作り）以外の事はしないで装飾を置かせなさるので、（周囲の人々は）「何事か」と、つつきあって面倒なことと思い申し上げた。（大将は）自分のお気持ちでも、思いがけないことだなあと笑いたくなる。

F（大将）われながら情けないなあと思うなあ、野にいる虫に家を占有させるのは。

一方では馬鹿馬鹿しく、このようなつまらないことをしておかずにいられないのは、（姫君によく見られたいと思う大将の）落ち着かない心配りである。その年も暮れた。

作品解説『恋路《こいじ》ゆかしき大将』は、鎌倉時代に成立したとされる擬古《ぎこ》物語である。擬古物語とは、平安時代の作り物語（『源氏物語』『落窪物語』など）をまねてつくられた鎌倉・室町時代の物語文学。王朝貴族の男女を主人公とした話が多い。この話の舞台は宮中で、天皇夫妻、二人の内親王、恋路大将、女房が登場し、敬語が多用された結果、非常に難解な文章となっている。

いかがだろう。大半の読者は途中で投げ出したのではないだろうか。センター試験の当日、この問題に挑戦した多くの受験生も状況は同じだったはずだ。

拙訳を一読してもらえばわかるが、登場人物として三人の皇族（帝、二宮、姫君）と貴族の若者（主人公の恋路大将）が出てくるため、文中に敬語が頻出し、主語が解りにくくなっている。訳では適宜括弧をつけて人物名を補ったが、これだけの主語を推測して補わないと完全には読み解けないのである。

つまり、制限時間20分内でこの問題を正確に読んで解くのは無理である。

全国の高校生（理系を含む）が受けるセンター試験にこんなむずかしい課題文を出すのはいかがなものかとも思うが、私大入試ではこのレベルは普通であり、このレベルのセンター試験問題で満点をとる生徒がいることも事実だ。したがって一概に悪問とはいえない。（ただ、古典がすべてこんなむずかしい文章ばかりかといえば、もちろんそうではない。たとえば説話文学は全体的に敬語が少なく、主語が明示されており、現代人にも十分読める。東大では説話文学が多く出題されている。）

ただ私が危惧するのは、こうした難問によって高校生の古典離れがますます進むことである。歯が立たない難問にばかり出くわすと、多くの人は「僕（私）はセンスがないから、国語（古文）は勉強しても無駄」と思い、あきらめてしまう。

しかし、「読めない」のはセンスがないからではない。文章がむずかしすぎるのだ。ではなぜ満点をとれる受験生がいるのかといえば、彼（女）らは読解力だけでなく、**設問を解く力**を身につけているからだ。古文・漢文、時には現代文でも、課題文の内容が読みとれないなんてことはよくある。受験参考書や予備校・高校の先生は、自分が読める文章しかとりあげないから、「読めない」時の指導は誰もしてくれない。だが、**読めなくても解ける方法**があったとしたら？「センス」などとはかかわりなく、誰でも点がとれるようになるはずだ。

宣伝めいてしまうが、「ニルメソッド」で学んだ私の生徒たちは、これくらいの問題なら15分で8割以上とれる。そして必ずしもその全員が課題文を１００％解読できているわけではない。ちなみにニルの作戦では、古文、漢文を30分で8割以上得点し、残りの50分を現国と全体の見直しに回すように指導する。こうすると制限時間（80分）内に全問解くことができ、うまく時間を余らせれば見直しも十分にできる。

さて前置きはこれくらいにして、「**ニルメソッド**」を具体的に紹介しよう。

「ニルメソッド」とは、ニル独自の「設問を解く方法」である。ただし世に各種出回っている受験の「裏技」とは全く違い、最少限の基礎文法をしっかりマスターし、一定水準の読解力もつけた後に、「仕上げ」として指導している解法である。

多くの読者は、先ほどの長い課題文を読み解こうと、懸命にとりくまれたにちがいない。この姿勢はまちがいではない。だが、文章をざっと見渡すと、主語の少なさに比して敬語の異常な多さ、さらに現代語とみまがう古文単語が随所にはめ込まれていることに気づくだろう。実は古文では**敬語が主語を示している**のだが、それを知らなければ、人名（主語）が文中にほとんど出てこないことになる。そのうえ意味がわかるようなわからないような、見たことのある言葉が出てきて、読もうとすればするほど混乱してしまうのだ。

しかし逆にいえば、敬語の用法を身につけておけば、登場人物（各々が誰かはわからなくても）の**関係性**をつかむことができる。さらに、本書で紹介する基礎文法さえ押さえておけば、課題文全体の意味がわからなくても、択一で問われる問題は解ける。そして実のところ、この方法でセンターや私大の試験問題のかなりの部分はカバーできる。これがニルメソッドである。

ここまで読み進んで、「そんなことといわれても……さっぱりわからない」と思われている方に、重要なアドバイスを。

まずは**発想を変える**こと。硬直した頭では、「文章が読めないのだから、問題が解けるはずがない」とあきらめるしかないが、頭をやわらかくして発想を転換し、「**設問を解きながら文章を読む**」「**設問は文章読解のヒントだ**」と考えてみてほしい。今はそれだけを頭に置いておけばよい。

百聞は一見にしかず。以下、さきほどのセンター試験問題の各設問を解説しながら、「ニルメソッド」を具体的に示していこう。

なお、解き方の手順については、あえてここでは説明しない。初めは十分に理解できなくてもいいので、とりあえず解説にとりくんでみてほしい。

ただし、先にも述べたように、この課題文は少々難物なので、以下の解説は古典文法を全く学んでいない人、すっかり忘れてしまった人にはお手上げかもしれない。そういう方は以下を飛ばして、49ページ以降の「クイズで基礎文法を学ぼう」に進んでもらいたい。クイズ編を実践し、基礎文法を頭に入れた後でまたここへ戻ってくれれば、おそらくよりよく理解できるはずだ。

問1……解釈問題（各5点）

傍線部（ア）〜（ウ）の解釈として最も適当なものを、次の各群の①〜⑤のうちから、それぞれ一つずつ選べ。

（ア）　ただまぼり奉らまほしきに

① 恋路大将は二宮・姫宮の兄妹を後見していらっしゃったが
② 姫宮が雛屋を一途に見つめ続けていらっしゃると
③ 恋路大将は姫宮をしっかりお守り申し上げたが
④ 恋路大将は姫宮をひたすら見つめ申し上げたく思っていると
⑤ 二宮は妹の姫宮を何とかお守り申し上げたいと願っていたが

品詞分解・語彙解説

ただ／まぼり／奉ら／まほしき／に

まぼる **（他動詞四段活用／連用形）** じっと見守る

まほし **（希望の助動詞／連体形）** …たい

に **（接続助詞）** が、と、ので、のに

奉る **（敬語：謙譲の補助動詞／未然形）** …し申し上げる

ただ **（副詞）** ①ひたすら、むやみに　②ただ単に　③まるで

したがって傍線部（ア）の訳は

「ひたすら見守り申し上げたいと」

となり、**正解は④**。

この文の鍵となる動詞「まぼる」の意味がわからない時は、文法から攻めるとよい。

「奉らまほしき」は文法的に「…し申し上げたい」と訳せるので、解答は④か⑤に絞られる。

次にそれぞれの「ただ」の訳をみると

④――「ひたすら」

⑤――「何とか」

とある。⑤の「何とか…したい」は願望を表す副詞「いかで」（どうにかして…したい）の訳なのでダメ。よって正解は④となる。

傍線部（ア）の敬語が正確に訳せれば、登場人物の関係性（「姫宮」の方が「恋路大将」より位が高い）がわかる。さらに、次の会話文まで続けて読むと

恋路大将は姫宮をひたすら見つめ申し上げたく思っていると、「あはれ、雛屋に虫のゐよかし。一つにあらば、いかに嬉しからん」とのたまへば、二宮、「あらわろや。（…）」と笑ひ聞こえ給へば、

とある。「あらわろや…」は直前に「二宮、」とあることからすぐに二宮のセリフだとわかり、「あはれ…」は姫君の言葉らしいと推測できる。したがってこのくだりは、姫宮に心奪われた恋路大将が、彼女とその兄・二宮との会話を聞いている場面ということになる。

（イ）まめだち給へる御まみのわたり

① 本気になっていらっしゃる御顔つき
② 正直さをあらわしていらっしゃる御まなざし
③ 真面目な顔をなさっている御目もと
④ お健やかな様子がうかがわれる御表情

⑤ 懸命さを漂わせておられる眉間の御様子

品詞分解・語彙解説

まめだち／給へ／る／御まみ／の／わたり

給ふ**（敬語：尊敬の補助動詞／已然形）**…なさる、お…になる、…してくださる

まみ［目見］まなざし、目もと

の**（格助詞）**

わたり［辺り］付近、あたり

り**（完了・存続の助動詞／連体形）**…ている、…た、…てしまった

まめだつ**（自動詞四段活用／連用形）**真面目に振る舞う、本気になる

以上から傍線部（イ）の訳は

「本気（真面目）になりなさっている御目もとのあたり」

となり、**正解は③**。

「まめだつ」は「まめ」に「〜のようになる」を意味する接尾語「だつ」が付いた複合語。「**まめ**」は最重要単語なので必ず覚えておかなければならない。意味は①真面目、誠実、②実用的、

なので、「まめ」の意味を知っていれば解答は消去法で①か③に絞られる。

次に①と③の「給へる」の訳を比べる。「給へる」は「…なさっている」が一般的で、①の「…ていらっしゃる」は「…ておはす、ています」の訳だから、①はややあやしい。

最後に「まみのわたり」だが、これは「まみ」の「付近、あたり」ということになり、「場所」が話題になっていることから考えて、①の「顔つき」（表情）よりは③の「目もと」がよく、正解は③ということになる。


ここでも、設問を解くことで人物を特定することができる。傍線部（イ）の周辺を読むと

げにと思したるさまにて、**真面目な顔をなさっている御目もと**（**を**）、（恋路大将は）見る我もうち笑まれて、幾千代まぼる（見守る）とも飽く世あるまじきに、

とあり、恋路大将が姫宮を見つめる心境が語られているので、（イ）の「目もと」とは「姫宮の目もと」であることがわかる。

（ウ）　つきしろひ煩ひ聞こえけり

① 白い目を向けて、非難申し上げていた
② つつきあって、面倒なことと思い申し上げていた
③ 声をひそめあって、うわさ話をなさっていた

④　迷惑がって、耳障りなこととお聞きになった
⑤　頭を寄せあって、嘆き申し上げていた

品詞分解・語彙解説

つきしろひ／煩ひ／聞こえ／けり

煩ふ（**自動詞四段活用／連用形**）①心が苦しくなる　②病気になる　③苦労する
［煩はし（**形容詞**）面倒だ、やっかいだ］
けり（**過去・詠嘆の助動詞**）…た、…たなあ
聞こゆ（**敬語：謙譲の補助動詞／連用形**）…し申し上げる
つきしろふ（**自動詞四段活用／連用形**）互いにこっそりつつきあう

以上から傍線部（ウ）の訳は
「つつきあい、面倒に思い申し上げた」
となり、**正解は②**。

動詞「つきしろふ」の意味を知らない場合はやはり文法から攻めてみよう。
「聞こえけり」は「…し申し上げた」なので、まず①②⑤に絞られる。

次に「煩ひ」だが、「煩」の字から「煩雑」を連想すれば、「面倒だ」「ごたごたしている」の意味が出てくるので、①の「非難」、⑤の「嘆く」は合わない。よって正解は②。

💡この文は、誰が、何を「面倒なことと思った」のだろうか。直前の文をみると次のようになっている。

（恋路大将が）我が御殿の三条院のおほかたの寝殿にはあらで、また磨き造らるる西面に、九間ばかりなる所に、雛屋を作り続けて、九重の中の有様、旧き名所名所も、変はらず写し作らせ給ふとて、（…）しつらひ置かせ給ふを、

細部はさておき、波線部だけをみると、恋路大将が「雛屋をたくさん作って（部屋に）置かせなさった」ということを言っているのがわかる。つまり、貴族の男が人形の家作りにやっきになっていることを、周囲の人々（家来など）があきれて見ている様子が語られているのだ。

もう少し深く読んでみよう。その直後の和歌

F　我ながら言ふかひなや（情けない）と思ふかな野なる（野にいる）虫にも宿を占めさす

は、自分の家が野の虫の宿になるのを嘆いている歌である。

さらに、やや戻って和歌Cの直後には

虫も雛も一つにて濡れて苦しみあるまじきさま（濡れて不都合がなさそう）にしつらはせ給へる（飾りつけさせなさった）雛屋

とあるので、虫といっても生きた虫ではなく、この「雛屋」全体が作りもの、玩具であることが

わかる。

つまり和歌Fは、部屋中に雛屋を作り続けた結果、玩具とはいえ自分の家が虫に占有されてしまったことを自嘲する恋路大将の気持ちを歌っているのである。

問2……文法識別問題（6点）

傍線部ａ～ｄの文法的説明の組合せとして正しいものを、次の①～⑤のうちから一つ選べ。

① ａ　動詞　ｂ　断定の助動詞　ｃ　伝聞推定の助動詞　ｄ　形容動詞の一部
② ａ　伝聞推定の助動詞　ｂ　断定の助動詞　ｃ　動詞　ｄ　断定の助動詞
③ ａ　動詞　ｂ　形容動詞の一部　ｃ　断定の助動詞　ｄ　伝聞推定の助動詞
④ ａ　動詞　ｂ　形容動詞の一部　ｃ　伝聞推定の助動詞　ｄ　形容動詞の一部
⑤ ａ　伝聞推定の助動詞　ｂ　動詞　ｃ　断定の助動詞　ｄ　形容動詞の一部

こうした文法識別問題は頻出なので、絶対にマスターしておきたい。
これは「なり」の用法識別で、平易な問題である。

a「暁方になる」⬇動詞

b「御面影なるものから」⬇断定の助動詞　※上に体言があるから。

c「細工はあんなれど」⬇伝聞・推定の助動詞　※「なる」の前に撥音便「ん」がついていたら必ず伝聞・推定、と覚えてしまおう。

d「そぞろなること」⬇形容動詞「そぞろなり」の連体形語尾

したがって**正解は①**。

✎ 問3……理由説明問題（8点）

傍線部Ｘ「上、いとも興あり、えならぬことに思されて、笑み入らせ給ふ」とあるが、帝が「笑み入らせ給」うたのはなぜか。その理由として最も適当なものを、次の①〜⑤のうちから一つ選べ。

① 常日ごろは真面目な恋路大将が姫宮をのぞき見するという行動に及んだことを、情けなく意外に思ったため。

② 数多い娘の中でも目立たない姫宮が前途有望な恋路大将に気に入られたことを、嬉しく

思ったため。

③　いつも落ち着いている恋路大将が姫宮に強く惹かれるようになったことを、喜ばしく満足に思ったため。

④　恋路大将に姫宮をのぞき見させるという戯れの計画が思い通りに運んだことを、おもしろく愉快に思ったため。

⑤　雛遊びに夢中で幼く見える姫宮が恋路大将にあこがれの思いを抱いていることを、ほほえましく思ったため。

説明問題には、ある部分だけを読んで解ける場合と、全体を読まないと解けない場合（たとえば問6のような内容合致問題）がある。ここでは、Xの直前だけをみればほとんど解答が得られる。なぜ帝は笑ったのか。それはその直前の中納言の乳母の言葉、

「『（…）二宮の御簾をもたげさせ給ひしに、つくづくと見入れて立ち給へりし』と、後に人の申し侍りしは、まことなりけり」

が原因である。問1から、恋路大将が姫宮を見て恋に落ちたことはすでにわかっている。したがって乳母のセリフの「つくづくと見入れ（外から中をのぞい）て立ち給へりし」は誰のことかといえば、恋路大将である。これでまず恋路大将その人が主題となっていない②④⑤が外れる。さらに、Xに「いとも興あり」とあるので、①の「情けなく」も合わなさそうだとわかる。

よって**正解は③**となる。「いつも落ち着いている」は、前の方に出てきた「よろづのことに騒がず鎮まる御心」で裏づけられる。

✎問4……和歌の内容説明問題（7点）

A〜Fの歌に関する説明として**適当でないもの**を、次の①〜⑤のうちから一つ選べ。

① Aの「女郎花」は姫宮のたとえであり、「宮城野」から「おのが垣根」にそれを移してみたいというのは、恋路大将の、姫宮を宮中から我が邸に迎えとりたいという願望を表している。

② B・Cの歌のやりとりでは、Bがはかない「朝顔」の花を毎朝咲くことから「久しき花」ととらえ直して帝への祝意を込めたのに対して、Cでは「朝顔」を恋路大将にたとえて、その美しさを讃えている。

③ Dは、Cの「松」を受けて「松虫」を詠み込む。Dの「玉の台」には、姫宮に贈られた人形の家がたとえられており、「玉の台」に住む「松虫」にもまして、姫宮が栄えるようにという恋路大将の気持ちが込められている。

④　Eの「玉の台」は恋路大将の邸を示し、「雲居」すなわち宮中からそこに移り住むことになる「松虫」は姫宮のたとえであり、直接の歌のやりとりではないものの、Aに込められた恋路大将の願望が受け入れられたことを示している。

⑤　Fの「言ふかひなや」の「ひなや」には「鄙屋」が掛けられており、身分の高い姫宮を「鄙屋」のような小さな邸に迎えることについてふがいなく思う恋路大将の気持ちが込められている。

和歌の内容説明問題は頻出である。ただ、一見むずかしそうに見えても、実は平易な場合が多い。和歌が読める高校生などめったにおらず（社会人でも大差はないかもしれない）、あまりにも難しい問題で誰も解けなければ試験の意味がないからだ。普段の学習で和歌問題に慣れておき、出題のパターンを押さえておけば、確実な得点源にできるはずだ。

ところで、設問には「適当でないものを一つ選べ」とある。ということは、これが解ければ、残りの4つは正しいのだから、この問4によって課題文に出てくる和歌の内容がほぼわかることになる。

正攻法の解き方としては、A～Fの和歌をざっと読んだ上で、①～⑤の中から内容がおかしいものをさがす。明らかに**正解は⑤**である。

和歌Fについてはすでに問1の傍線部（ウ）のところで説明した。⑤はその解釈した内容と合っていない。

「和歌は苦手、正攻法はちょっと無理」という人には奥の手がある。

頭じゃなく目を使おう。

実は和歌の問題では、目を使って解ける場合が意外と多いのだ。

課題文をよく見てほしい（11頁3行目）。「雛屋」に「ひいなや」と読みがながふってある。したがって「言ふかひなや」と「雛屋（ひいなや）」は音が違っており、掛詞にはならないのである。「えっ!?」と思った読者もいると思うが、こんなふうに解けることもあるのだ。

問5……心情説明問題（8点）

この文章を通して、傍線部Y「かつはをこがましう、かかるいたづらごとのし置かるるも、上の空なる心化粧なり」にいたる恋路大将の心情の変化の説明として最も適当なものを、次の①～⑤のうちから一つ選べ。

① 恋の思いに動かされることもなかった心が、姫宮の姿を見てからは落ち着かず、その面影を忘れることができなくなってしまった。姫宮の気を引くために贈り物に心を砕いてい

るが、夢中になる一方で、それを我ながら馬鹿げているとも思っている。
② 恋にあこがれて落ち着かずうわついていた心が、姫宮の姿を見てからはその面影を一途に追い求めるようになってしまった。姫宮の気を引くために贈り物に心を砕いているが、熱心に取り組んでいる一方で、我ながらその熱意を不思議だとも思っている。
③ 恋の思いに漠然と浮かれていた心が、姫宮の姿を見てからは許されない恋に苦しめられるようになってしまった。姫宮の気を引くために贈り物に心を砕いているが、夢中になる一方で、我ながらその恋に罪悪感を抱き、帝に申し訳ないとも思っている。
④ 藤壺女御への恋を奥に秘めて沈んでいた心が、姫宮の姿を見てからはその面影を忘れられず、落ち着かない状態になってしまった。姫宮の気を引くために贈り物に心を砕いているが、熱心に取り組んでいる一方で、女御への裏切りを我ながら情けないと思っている。
⑤ 藤壺女御への恋に浮かれていた心が、姫宮の姿を見てからはますますその母である女御を一途に思いつめるようになってしまった。女御の気を引くために姫宮への贈り物に心を砕いているが、真剣に取り組んでいる一方で、それを我ながらじれったいとも思っている。

選択肢の文章がかなり長く、読んでいるうちに混乱するように作られている。
まずは傍線部Yをよく読むことが大切である。
かつはをこがましう、かかるいたづらごとのし置かるるも、上の空なる心化粧なりここで形容詞「をこがまし」の意味「ばかばかしい」がわかれば、即**正解は**①。
「をこがまし」は最重要単語の一つだが、その意味を知らない場合は、おかしなものを消していく作業に移る。

傍線部Yの「かかるいたづらごと」は、直前の段落の「雛屋を作り続けて、（…）しつらひ置かせ給ふ」を指す。その目的は当然「姫宮の気を引くため」なので、「女御の気を引くため」とある⑤がまず消える。

また、恋路大将が藤壺女御に恋していたという記載は文中にないので、④も消す。

③には「許されない恋」とあるが、帝は恋路大将と姫宮との恋を喜ばしく思っているのだから、③も外れる。

②には「恋にあこがれて落ち着かずうわついていた心」とあるが、すでに問3で恋路大将は「いつも落ち着いている」人物であることがわかっている。したがって②も消える。

残った①が正解である。

心情説明問題は以上のように、**原文に書かれていないこと（つまり間違い）が含まれている選択肢を慎重に削ってゆけば**正解にたどりつける。

ポイント

「正解はどれか」とさがすと、選択肢の長文に書かれている内容にまどわされ、間違いやすいので注意！

問6……内容合致問題（6点）

この文章の内容に合致するものを、次の①〜⑤のうちから一つ選べ。

① 恋路大将が参内した時、女房が、「昨夜帝は中宮のところにお泊まりになりましたが、今朝こちらにお戻りになってから藤壺女御のところへお出かけになりました」と語った。

② 「お人形のところに虫がいるといいのに」という姫宮の言葉を、「虫を入れるなら苔や露も必要になり、見苦しくなってしまうからやめなさい」と二宮が打ち消した。

③ 恋路大将は、わざわざ奈良から呼び集めた細工職人が作った贅沢な人形の家が、虫を入れたために濡れてしまっても、たいして苦にしていないようにふるまっていた。

④ 恋路大将は、たまたま人からもらった人形の家を誰にあげればよいのか思いあぐねて、最終的には大納言の君に相談し、姫宮に差し上げることにした。

⑤ 恋路大将は、自分の邸の美しく磨き上げて造った室内に、人形用の家を次々と作り、宮中の様子や名所の風情をもそっくりそのままに作らせようとした。

これも前の問5と同じ方法で解く。各選択肢の文章とそれに該当する課題文の原文を見比べながら、明らかにおかしなところに線を引いていこう。

①原文：「今宵は中宮の御宿直※なりけるが、下りさせ給ひけるままに、上は藤壺にわたらせ給ふ」

➡「昨夜帝は中宮のところにお泊まりになりましたが、今朝こちらにお戻りになってから藤壺女御のところへお出かけになりました」

※「宿直」とは「夜間に天皇（帝）や貴人の近くに仕えて、相手をすること」を意味し、ここでは「今夜は中宮が帝の夜のお相手であった」ということ。

これは古文の常識であるが、帝＝天皇は夜に後宮（天皇の正室や側室の住まい）に出向くということはない。毎晩、多くの妻の中から一人を選んで自室に呼び寄せるのである。当然、「下りさせ給ひける」も「中宮が自室へお下がりになった」のであり、「帝が内裏にお戻りになった」のではない。よって①は外れる。

②原文：二宮、「あらわろや。苔や露も入れさせ給はば、雛のため、いかにうつくしからん」と笑ひ聞こえ給へば、

➡「虫を入れるなら苔や露も必要になり、見苦しくなってしまうからやめなさい」と二宮が打ち消した。

二宮は「雛にとって、どんなに綺麗だろう」と笑いながら言ったのであり、「やめなさい」と

いさめてはいないので、②も正しくない。
③原文：大将は、(…) 奈良にこそこまかなる細工はあんなれと、召し集へたるに、虫も雛も一つにて濡れて苦しみあるまじきさまにしつらはせ給へる雛屋のさま、
➡恋路大将は、わざわざ奈良から呼び集めた細工職人が作った贅沢な人形の家が、虫を入れたために濡れてしまっても、たいして苦にしていないようにふるまっていた。

「苦しみあるまじきさまに」は雛屋の様子であり、大将の心情や言動を表しているのではない。

また、「わざわざ」「贅沢な」という語は原文にはない。よって③も消える。
④原文：雛多く人に作らせて据ゑ給ひつつ、藤壺に奉らせ給ふ。「思ひかけず人の賜びて侍るを、(…)」
➡恋路大将は、たまたま人からもらった人形の家を誰にあげればよいのか思いあぐねて、姫宮に差し上げることにした。

大将は雛屋を藤壺に差し上げたのであり、姫宮に直接差し上げてはいない。また、「人からもらった」というのは口実であり、実際は職人に作らせたものである。したがって④も消える。
⑤原文：また磨き造らるる西面に、九間ばかりなる所に、雛屋を作り続けて、九重の中の有様、旧き名所名所も、変はらず写し作らせ給ふとて、
➡恋路大将は、自分の邸の美しく磨き上げて造った室内に、人形用の家を次々と作り、宮中の様子や名所の風情をもそっくりそのままに作らせようとした。

直訳で、余計な言葉も入っていない。**⑤が正解**。

この問題では①か⑤かで迷うかもしれない。「帝が夜、後宮に出向くことはない」ことを知らないと①を落としづらいからだ。ただ、①の「今朝」という語が原文にないことに気づけば、余計な語のない⑤を選べるはずだ。

さて、さきほど解説に入る前に、私はこう述べた。**「設問を解きながら文章を読む」「設問は文章読解のヒントだ」**。解説を通して、その意味がおわかりいただけただろうか。

問1、問2は、課題文の内容がわからなくても、文法から攻めれば解ける。計21点。時間的にも、ニルメソッドを使えば、おそらくこの2問を解くのに5分かからない。

実はこの2問は**基礎文法知識を問う問題**であり、**課題文の内容と関係がない**。つまりこの21点は**課題文が読めなくてもとれる**。算数ならば計算問題や1行問題にあたるものである。

そして、古文の場合有利なのは、問1のような解釈問題が解けると、**課題文全体の読解のヒントになり、後の問題を解くのにも役立つ**ということである。

たとえば問3は、問1の（ア）が解けていれば、選択肢のなかから迷わず「恋路大将が姫宮に惹かれた」ことを述べている③を選ぶことができる。

問4も、今回は「目を使う」という「奥の手」が通用し、「読めなくても解ける問題」だったが、いつでもこのような解き方ができるとは限らない。この場合、「雛屋」に読みがなが振られていなかったらどうするか。正攻法としては、課題文全体を読んで「恋路大将の邸は小さい」という記述が出てこないことを確証できればよいわけだが、それは時間的に不可能だ。この場合、最低限、原文の和歌Fを正確に読む（というより「よく見る」）ことで、「この歌には、恋路大将が自分の邸を小さいと思っていることを示す語は含まれていない」と判断できる。そしてこの問4では、⑤以外の選択肢の文章は課題文の内容と合致しているわけだから、これもまたその後の設問を解くのに役立つ。

問5は「をこがまし」の意味を知っていればたやすく、「読めなくても解ける問題」ともいえるが、単語知識がなかった場合は課題文の全容をある程度理解していないと解けない。

問6は、全体をかなり読み解かないと解けないだろう。

しかし、そもそもセンター試験では、80分で国語4題を解かねばならず、古文1題（今回は計6問）に20分以上はかけられない。当然、このような長い課題文をじっくり読んでいる暇はないし、またその必要もない（もちろん、これを数分ですらすら読める人は別だが）。問5、問6のような場合でも、**課題文のなかから選択肢と対応する一節をすばやくさがしだし、消去法によって間違った選択肢を消していく方法**がベストだ。

ここで、**ニルメソッドの手順**を整理しておこう（時間配分はあくまで今回の問題における目安）。

① 問題が配られたら、まず課題文の長・短をチェックする。長い場合は読まなくてよい。
……2〜3秒

② 全設問に目を通し、「読まなくても解ける」問題をすばやく見つけ、先に片づけてしまおう。
……5〜8分

●「傍線部の解釈として適当なものを以下から選べ」などの解釈問題：まず設問の文を品詞分解。単語の意味がわからなくても、文法から攻めれば解ける場合が多い。

●「読まなくても解ける問題」の幅をさらに広げるため、最低限「必須単語」は覚えておいたほうがよい。

●「正しい文法的説明を選べ」などの文法問題：基礎文法をマスターしておけば難しくない。

●「なぜ○○は△△したのか」などの理由説明問題も、それ以前の問題をヒントに解ける場合が多々ある。

●和歌の内容説明問題も、和歌の原文だけを注意して読む（というよりむしろ「見る」）ことで、即「間違いさがし」ができる場合がある。

③ さて、②の方法ではどうしても解けないもの（心情説明問題、内容合致問題など）が残った。
……12〜15分

●ここで初めて、末尾に付された注などを手がかりに、課題文の全体にざっと目を通せばよい。ただしこれは必須ではない。読むのにちょっとでも困難を感じたら、次の「消去法」に切り替えよう。

●課題文のなかから、選択肢と対応する一節をすばやくさがしだして印をつけ、①、②、③…など選択肢と同じ記号をつけておく。

●原文と選択肢の文章をつき合わせる。設問が「適当なものを選べ」の場合、選択肢の文章のなかに原文に見当たらない余計な語が入っていれば、即、消去候補だ。逆に、「余計な語を含まない直訳」と思われるものは正解である確率が高い。

●それ以前の設問でわかったこと（登場人物の人間関係、主人公は誰か、主人公のどんな心情を主題とした文章なのか、など）も大いに手がかりになる場合がある。

★時間に余裕があれば全解答の見直し。ただしセンターの場合、時間が余る可能性はかなり低い。①～③の手順を迅速かつ正確にこなせば、見直しの時間は省けるはずだ。

★いうまでもなく、すらすら読める課題文だった場合は、ためらうことはない。急いで全体を読み通そう。読んでいくうちに、ちょっとでも「あれ…読み通せそうにないぞ」と感じたら、即刻ニルメソッドに切り替えればよい。

これで「20分で古文」はクリアできる。つまり、「**課題文が読めなくても解ける力**」をつけること、これがニルメソッドの肝である。そのためには問題に臨む前に、**基礎文法**を徹底的にマスターしておく必要があることは、ここまでの説明でおわかりいただけたのではないかと思う。基礎文法をしっかり身につけた上で、さまざまな解法のコツを押さえておけば、点は確実にとれる。

次の実践編「クイズで基礎文法を学ぼう」で、**楽しくクイズを解きながら**、この**基礎文法と解法のコツ**を実地に身につけていただければと思う。

クイズで基礎文法を学ぼう

◉基礎文法で古文を得点源に

さきほどのセンター試験の問題とその解説で、特に**解釈問題**が基礎文法知識を問うものであることは理解してもらえたと思う。つまり基礎文法さえ押さえておけば、課題文の内容がわからなくてもいくつかの設問は解くことができ（少なくとも5択を2択にまで絞ることができ）、時にはそこを突破口にして、課題文全体の主旨がわかる場合もあるのだ。

「文法なんて面倒でいやだ」とか、「古文単語は覚えづらい」と思っている人も多いだろう。しかし、基礎文法の力があれば、ごく短時間で半分くらい解けるのだから、古文を有力な得点源とすることができる。

古文に必要なのは「センス」ではない。得点源になると信じて日々重ねる努力である。

以上、「古典文法の基礎を学ぶ目的」がはっきりしたと思うので、以下では、

1《助詞》編　2《敬語》編　3《陳述の副詞》編　4《助動詞》編

の順に、**古文読解に必要最低限の基礎文法**を解説した上で、実際にセンターや私大の試験で出題された解釈問題のなかからえりすぐったものを使って、択一クイズに挑戦していただこう。各問題の次ページには、正解と解法を掲載してある。

◉択一を解くための究極の順序

ところで、「助詞から始めて助動詞で終える」という順序を奇異に感じる読者がおられるかも

しれない。実はこれこそ、私が25年の教師体験を通して行きついた「究極の順序」なのである。

古語について、私はしばしば「語の訳の幅が狭い／広い」という表現を使う。たとえば助詞は活用がなく訳語が少ないので「訳の幅が狭い（訳し方のバリエーションが多くない）」。一方助動詞は、それぞれに活用がある上に意味も多様で、「訳の幅が広い（多様な訳がありうる）」。「狭い」助詞の場合、解答は一つであるが、「広い」助動詞だと複数解となる場合が多く、正解の絞り込みがむずかしくなる。つまり正解の見極めという視点からいうと、助詞より助動詞のほうが難度が高いわけだ。

したがって択一問題を解くにあたっては、まず平易な＝正解を見極めやすい助詞から始め、つづいて敬語、副詞と次第に高度なものに進み、最後に最もやっかいな助動詞を攻略する、という順序で行うべきなのである。というより、これ以外にはありえない。

◉用言の活用：正確に読むための道標

さて、さきほど唐突に「助動詞には活用がある」と述べたが、まごつかれた初学者の方がおられるかもしれないので、ここではまず「用言の活用」について解説しておこう。

「用言」とは動詞・形容詞・形容動詞の総称である。これらは**下に来る語によって語の形が変化する**という特徴を持っている。その変化＝活用のしかたを示したのが、次ページの表である。

活用表

◉動詞

活用		語幹	未然	連用	終止	連体	已然	命令
四段	言ふ	言	は	ひ	ふ	ふ	へ	へ
上一段	見る	(見)	み	み	みる	みる	みれ	みよ
上二段	過ぐ	過	ぎ	ぎ	ぐ	ぐる	ぐれ	ぎよ
下一段	蹴る	(蹴)	け	け	ける	ける	けれ	けよ
下二段	尋ぬ	尋	ね	ね	ぬ	ぬる	ぬれ	ねよ
カ変	来	○	こ	き	く	くる	くれ	こ こよ
サ変	す	○	せ	し	す	する	すれ	せよ
ナ変	死ぬ	死	な	に	ぬ	ぬる	ぬれ	ね
ラ変	あり	あ	ら	り	り	る	れ	れ

上一段：**ひいきにみゐ＋る**
- ひ　干る(ハ行)
- い　射る、鋳る(ヤ行)
- き　着る(カ行)
- に　似る、煮る(ナ行)
- み　見る(マ行)
- ゐ　率る、居る(ワ行)

下一段：蹴《け》る

カ変：こよ → 中世以降

ナ変：死ぬ　往《い》ぬ(去《い》ぬ)

ラ変：あり、をり、はべり、いまそ(す)かり

用　言

◉形容詞

活用		語幹	未然	連用	終止	連体	已然	命令
ク活用	よし	よ	く から	く かり	し	き かる	けれ	かれ
シク活用	美《うつく》し	美	しく しから	しく しかり	し	しき しかる	しけれ	しかれ

◉形容動詞

活用		語幹	未然	連用	終止	連体	已然	命令
ナリ活用	静かなり	静か	なら	なり に	なり	なる	なれ	なれ
タリ活用	堂々たり	堂々	たら	たり と	たり	たる	たれ	たれ

この表を見て、その複雑さに圧倒される人も多いかもしれない。学校や塾で「活用表は完璧に暗記しなさい」と命じられた結果、その面倒さ、覚えにくさがトラウマとなり、古文嫌いになった人も多いだろう。

しかし、安心してほしい。私がこの表を出したのは、暗記してもらうためではなく、「用言の活用と活用表」について説明するためである。

古文の正確な読解のためには、まず**品詞分解**が正しくできなければならない。正確な読解とは、文を品詞分解して最小の要素に分けた後、それぞれの語の意味を考え、最後にそれらを再び繋ぎ合わせて文全体の意味を読みとる作業だからである。品詞分解のさいにはとりわけ、**用言と助動詞を正しく切り離す**ことが肝要である。《助動詞》編で後述するが、助動詞も用言同様、下に来る語によって活用変化するので、長いセンテンスだと切り離す位置の見極めがむずかしくなってくる。

「活用」と「活用表」は、初めからあったわけではない。活用表のひな形は江戸時代後期、つまり今から約２００年前に国学者たちによって作られた。その目的は『源氏物語』などの古典を**正確に読む**ことにあった。国学者たちが古典を研究するなかで、「語形が変化する」ことを発見してはじめて「活用」という概念が生まれ、その変化のしかたを整理分類したのが活用表である。活用表がなかったら、文章を品詞分解する基準がわからず、あらゆる古典は読解不能の怪文書となってしまっただろう。つまり活用表とは、学習者を困らせるために作られたのではなく、古典の正確な読解に資するようにと先人が苦労して作ってくれた財産なのである。

さて表を見ると、動詞の活用は9種類、形容詞・形容動詞は各々2種類に分かれている。まず動詞の四段活用とラ変活用、下二段活用とサ変活用はそれぞれ変形のしかたがよく似ている。形容詞の2種（ク活用、シク活用）はほとんど同じだし、形容動詞の2種（ナリ活用、タリ活用）はラ変動詞の変形である。つまり**用言の活用は、わずか10種の「変化のしかた」さえ覚えれば、活用表を自分で作ることができるほどシンプルなもの**なのである。さらに、後述する助動詞の活用は、ほとんどこの用言の活用で説明できるので、「用言の活用類型10種」さえ覚えれば、活用の基準を把握できるといえる。

活用表は丸暗記するものではない。活用のしかたを理解し、古典を正確に読むための道標なのである。

【古典文法習得のステップ】

- **「用言の活用類型10種」をおおよそ頭に入れて文章を読み進める。**
- **意味がくみとれなくなったら、まずは文章を品詞分解。**
- **分解して用言や助動詞が見つかれば活用表にもどり、活用のしかたを再確認。**
- **必要なら辞書を引く。**

この作業の繰り返しのなかで、活用表が自然と頭に刻み込まれ、「体得」できるはずだ。暗記のほうが手っとり早いように感じられるかもしれないが、実は古文ではこのような学習法こそ、最も有効で最も近道なのである。「古典を正確に読むため」という活用表の本来の目的を理解せず、やみくもに暗記しても何の意味もない。

本書のクイズ実践編も、この流れに沿ってとりくんでいただきたい。念のためクイズの概要と凡例を記しておく。

◎クイズはすべて択一形式の解釈問題。掲げられた古文の正しい意味を選択肢のなかから選ぶ。

◎紙数の都合で、ほとんどは1ページに2題ずつ載っている。クイズの次のページに正解と解説をまとめて掲載してあるので、2題ずつ解いて答え合わせをしていただくのがよいだろう。

◎問題文の古文の上に付したアルファベットは入試出題履歴（解説の末尾に掲載）を示すための記号であり、難易度等を表すものではない。

◎解答・解説について

●クイズの解答は冒頭に記した。

●「ポイント解説」ではまず問題文をおおよそ品詞分解し、そこでテーマとなっている品詞には傍線を付した。重要な古語については意味や用法を解説した。解き方は☞を参照されたい。

●品詞の名称は、名詞→名、形容動詞→形動、助動詞→助動、副詞→副、他動詞四段活用→他四、自動詞下二段活用→自下二、自動詞ラ変活用→自ラ変、のように略記した。

◎途中、まだ解説されていない品詞が出てくることがある（とくに助動詞は《助動詞》編に入る前に頻出する）が、そういう場合には語彙説明で意味がわかるようにしてある。

◎休憩の意味もこめて間にいくつかクロスワードパズルを挟んだ（解答は170ページ）。カギの言葉を古語に訳してひらがなで答え、マスを埋めていく。古文単語の学習にもなるので、ぜひチャレンジしてみてほしい。

クイズを解いていくなかで、品詞分解ができないとか、語形の変化が把握できないような用言に出会ったら、先の用言活用表にもどればよい。やがて表を見なくても活用が言えるくらいまで体得できるはずだ。

＊《助詞》編以下のページ上端にあしらってあるのは、時代はまちまちだが、古来装束や調度などに用いられてきた日本の伝統文様を簡略化したものである。文様名は《助詞》編が青海波《せいがいは》、《敬語》編が観世水《かんぜみず》、《陳述の副詞》編が市松《いちまつ》、《助動詞》編が立涌《たてわく》。また、《助詞》編や《助動詞》編で見出しに付したマークは源氏車《げんじくるま》紋（貴族専用の牛車の車輪を模したもので、家紋として定着したのは鎌倉時代以降）と呼ばれるものである。

1 《助詞》編

係助詞

助詞のなかでも一般に最もよく知られているのは**係《かか》り助詞**であろう。係助詞は文末の語を特定の形に変化させる（**係り結びの法則**⬇64ページ下段）。法則をしっかり覚えていて、「ぞ」とくれば連体形、「こそ」とくれば已然形と、すらすら出てくる人も多いだろう。もちろんこれは大切な知識だが、解釈問題などの択一を解くさいにはむしろ、**訳し方がはっきりと決まっている語に注目する**のがポイントだ。係助詞は主として文の意味を強めるのに用いられ、多くは明確に訳出されない。そのなかでも訳し方がはっきりしている用法が解釈問題では問われるのである。

過去に入試で出題された係助詞の用法はほとんどが次の3種である。

- **疑問・反語の「や」「か」「やは」「かは」** 疑問の場合は「…か」、反語の場合は「…か、いや…ない」と訳される。
- **前後の文を逆接で結ぶ「こそ」** 「…こそ（活用語の已然形）、～」の形をとり、「…のに、～」「…だが、～」などと訳される。
- **懸念を表す複合形の係助詞「もぞ」「もこそ」** 「…もぞ～（動詞の連体形）」「…もこそ～（動詞の已然形）」の形をとり、「将来起こりうる悪い事態を予想し、危ぶんだり心配したりする」意を表す。「…が～すると困る」「…が～するといけない」のように訳される。

A

ただにや明かさむ

① 一人だけで夜を明かしてよいものか
② 何もしないで夜を明かしてよいものか
③ いつもと同じように夜を明かそう
④ このまま眠らずに夜を明かそう
⑤ 月明かりだけで夜を過ごそう

B

誰かみなしばしの命を惜しまざらむ

① 誰がわずかな間であっても命を大切にしないことがあろうか
② 誰が皆の残りわずかな命を危険にさらすことがあろうか
③ 誰かわずかな間でも命を与えてくれないであろうか
④ 誰も皆残りわずかな命ならこだわらないだろう
⑤ 誰も皆わずかな間であっても命を粗末にしないでほしい

解答・解説

A ― ②

ポイント解説 ただに／や／明かさ／む

ただ（徒）に《形動「ただなり」の連用形》 特別なことがないさま、平凡なさま。副詞「ただに」と見る説もある。

む（助動） 推量（…だろう）、意志（…しよう）、希望（…したい）、適当（…のがよい）、勧誘（…したらどうか）、命令（…しなさい）、仮定（…としたら）、婉曲（…ような）、可能推量（…できるだろう）。①②は「む」を「適当」に、③～⑤は「意志」に解釈している。

係助詞「や」はここでは疑問を表すので、訳の文末は「…か」でなければならない。まずこれで①か②に絞られる。

単語「ただなり」の意味を知っていれば即②と答えられるが、知らなくても、現代語の「ただの～」といった表現から、「普通の、単なる」の意味を連想できるだろう。

B ― ①

ポイント解説 誰か／みな／しばしの命／を／惜しま／ざら／む

みな（副） すべて、すっかり。「惜しむ」を修飾。

ざらむ《打消の助動「ず」の未然形＋推量の助動「む」の連体形》 …ないだろう

「誰」に疑問・反語の「か」がついた形。したがって「誰か…ざらむ」は「誰が…ないだろうか」と訳され、正解は①。

②なら原文は「みなのしばしの命」でなければおかしい。③は「くれない」という語が原文にはない。④⑤は疑問・反語を訳せていない。

（A：センター平成2年試行テスト、B：センター平成13年追試）

C　聞き入るべきかは

① 聞き入れられまい
② 聞き入れてほしい
③ 聞き入れてもよい
④ 聞き入れるようだ

D　げに憎くもぞなる

① 実に憎らしい気持ちになるよ
② 実に憎らしそうな顔になるよ
③ 本当に憎らしい気持ちになったら困るよ
④ 本当に憎らしそうな顔になったら困るよ
⑤ 実際に言いにくいことになってしまうよ
⑥ 実際に見せにくいことになってしまうよ

解答・解説

C——①

ポイント解説　聞き入る／べき／かは

べき《助動「べし」の連体形》　推量（…にちがいない、…だろう）、意志（…しよう）、予定（…する予定である）、適当（…のがよい）、命令（…せよ）、可能（…できる、…できそうだ）、当然（…はずだ）、義務（…なければならない）

疑問・反語の「かは」は、疑問の場合は訳文の末尾が「…か」となるはずだが、選択肢の中には疑問文が見当たらないので、ここは反語と解釈されていることがわかる。したがって、「聞き入れるか、いや聞き入れない」に「べし」の意味を加えた文意ということになり、正解は即、反語の「かは」の意味を唯一反映している①ということになる。

ちなみに、この正解では「べし」が可能の意味に解釈されているわけだが、「聞き入れないだろう（打消の推量）」、「聞き入れるつもりはない（打消の意志）」なども訳として可能であり、「べし」をどの意味にとるかは前後の文脈による。

D——③

ポイント解説　げに／憎く／もぞ／なる

げに《副》　本当に、なるほど

懸念を表す「もぞ」なので、「憎くもぞなる」の文意は「憎くなると困る」であり、③か④に絞られる。

「憎くなると困る」は「そんな気持ちになったら困る」の意味である。④の「憎らしそうな顔」という解釈になると、「顔」を表す語が必要となるが、原文にないので③が正解。

（C：法政大〈経営〉平成16年、D：国学院大〈文A、外〉平成11年）

E　こだちとこそいへ

① こだちとはいうけれども
② こだちといいなさい
③ こだちというならば
④ こだちといってもよい

古文deクロスワード㋑

タテ
① とても
③ 一月
⑤ 十二月
⑦ 置き戸棚

ヨコ
② 不吉なので避ける
④ 速い、感が鋭い
⑥ 八月
⑧ 心穏やかだ

①	■	②	③
④	⑤	■	
■	⑥	⑦	
⑧			■

解答・解説

E――①

ポイント解説 こだちと／こそ／いへ

☞ 係り結び「こそ＋活用語の已然形」の構文である。訳す場合には「こそ」をとって文末を終止形にし、「こだちといふ」という文であると考えるとわかりやすい。通常「こそ」は文意を強めてはいるが訳出されないので、単に「こだちという」と訳せばよいはずである。しかし、本問ではすべての選択肢で文末に訳が補われているので、この場合「こだちとこそいへ」の後に文が続いているのだと考えられる。「こそ＋活用語の已然形」の後に文が続く場合には、その文を逆接でつなぐため、「けれど」と逆接の意味に訳している①が正解。

（E：学習院大〈法〉昭和62年）

係り結びの法則

係助詞	結びの活用形
ぞ なむ や（やは） か（かは）	連体
こそ	已然

◉副助詞

名前の通り、「副詞のような働きをする助詞」である。「だに」「すら」「さへ」「のみ」「ばかり」「など」「まで」「し」「しも」があるが、**入試で頻出なのは「だに」「さへ」「のみ」「ばかり」**の4つである。以下にそれぞれの意味を解説しておこう。

だに

❶最低限の希望：下に命令・意志・仮定などの語を伴う（せめて…だけでも）
❷程度の類推：軽いものを挙げて重いものを類推させる（…さえ、…すら）

さへ

❶添加（〔そのうえ〕…までも）
❷程度の類推（…でさえ）☞**鎌倉時代以降の用法**

のみ

❶限定（…だけ）
❷強調（…ばかり、ただもう…）

ばかり

❶程度（…ほど）

❷限定（…だけ）

❸だいたいの範囲（…頃、…あたり）

☞ 一般に、程度を表すときは活用語の終止形に付き、限定を表すときは連体形に付くことが多い。

A 後生《ごしやう》をだに助《たすか》らむ

① お願いだから助けてほしい
② せめて来世だけでも救われたい
③ 死後の世さえ助からないだろう
④ 晩年だけでも楽をしたい
⑤ 後は出家の道しかない

B さらでだに

① 避けるに避けられない
② そうであってさえも
③ 京を去る場合でなくても
④ 去り難い風情に加えて
⑤ そうでなくてさえ

解答・解説

A―②

ポイント解説 後生を／だに／助ら／む

後生《ごしゃう》（名） 死後に生まれ変わる世、来世。「後《のち》の世」。**先《さき》の世**（この世に生まれてくる前の世、前世）、**三世《さんぜ》**（【仏教語】前世、現世、来世の三つの世）もあわせて覚えたい。

む（助動） ここでは希望の意を表し、「助かりたい＝救われたい」となる。

まず、「だに」の意味「せめて…だけでも」か「…さえ」を訳していない①と⑤が消える。「後生」に「晩年」の意はないので、④も間違い。

残るのは②か③であるが、③の「助からないだろう」は「打消＋推量」の訳で、原文に打消の意味は含まれていないので、正解は②となる。

B―⑤

ポイント解説 さらで／だに

さらで《自ラ変「然《さ》り」の未然形＋打消を表す接助「で」》 そうでなくて

自ラ変動詞「然《さ》り」は、副詞「然《さ》」＋自ラ変動詞「あり」＝「さあり」の略で、「そうである」の意。

で（接助） 打消（…ないで）

原文にない余計な語が入っている①③④は即消える。②は打消の「で」を訳していないので、正解は⑤。

頻出する慣用的な表現なので、「**さらでだに＝そうでなくてさえ**」と覚えてしまおう。

（A：法政大〈法・経営〉平成18年、B：センター昭和56年本試）

C　いまだ生まれぬ子をさへ悲しぶこと

① すでに生まれた子であるから、まだ生まれていない子のことにも増して愛しいことよ
② すでに生まれた子はさしおいて、まだ生まれていない子のことを愛しいと思うことよ
③ すでに生まれた子ならもっともだが、まだ生まれていない子のことまでも愛しいと思うことよ
④ まだ生まれていない子を愛しいと思うくらいなら、すでに生まれた子を愛しむべきであるよ
⑤ まだ生まれていない子のことでさえ愛しいのだから、すでに生まれた子はなおさらであるよ

D　月日しもこそ世に多かれ

① 月日はこの世に多いので
② 月日はこの世に多いのに
③ 月日がこの世に多くて困る
④ 月日がこの世に多くあってくれ

解答・解説

C――③

ポイント解説 いまだ／生まれ／ぬ／子／を／さへ／悲しぶこと

生《う》まれ《自下二「生まる」の未然形》 子供が生まれる

ぬ《助動「ず」の連体形》 打消

悲《かな》しぶ（他四） かわいいと思う、悲しむ

副助詞「さへ」を「…までも」か「…さえ」と訳出しているのは③か⑤。⑤は「ことで」ではなく「ことを」でなくてはいけないので間違い。正解は③。

ちなみに、この文の出典となっている『三宝絵』は平安時代の説話なので、「さへ」に❷「程度の類推」の意味はまだなく、❶「添加」の意である（⬇65ページ）。この知識があれば即③を選択できる。

D――②

ポイント解説 月日／しも／こそ／世に／多かれ

ここで、65ページでは解説しなかった副助詞「し」「しも」について軽く触れておこう。

辞書を引くと実にさまざまな用例が紹介されているが、要は「強調」の役割であり、訳さなくてもよい場合が多い。逆にみれば、「**取り除いても意味が通じる場合は強調**」と覚えておけばよい。

まず原文にはない原因・理由の意が含まれている①、願望の意が含まれている④を外す。

②は、「係助詞こそ＋活用語の已然形、～」の逆説の文意を訳してある。これが正解。

③は、原文を「副助詞しも＋係助詞こそ」ではなく「副助詞し＋係助詞もこそ」と分解し、懸念を表す「もこそ」の構文と判断した場合の訳である。しかし、「月日が多くあること」を「将来起こりうる悪い事態」として心配する、というのは意味不明である。したがって③は間違い。

（C：センター平成13年追試国Ⅰ、D：國學院大〈文〉昭和53年）

E さばかりにこそ

① ばかにされないようにしよう
② あんな程度のことであろう
③ おちぶれた暮らしであろう
④ だまされないようにしよう
⑤ あかぬけないことであろう

F 言はぬばかりぞ

① 言わないほどだ
② 言わないだけだ
③ 言ってしまうほどだ
④ 言ってしまうだけだ
⑤ 強く言ってのけるほどだ
⑥ 強く言ってのけるだけだ

✎解答・解説

E――②

ポイント解説 さ／ばかり／に／こそ

然《さ》（副詞） そう、そのように

にこそ 「にこそあらめ」の省略形。詳細は**《助動詞》**編で説明するが、「断定＋推量」を意味し、訳は「である（断定）＋だろう（推量）」→「であろう」となる。

☞ 副詞「さ」＋副助詞「ばかり」で、「その程度、そのくらい」を意味するので、正解は②。

以下、「ばかり」を含む副詞的慣用句などをまとめておく。

かばかり ❶これほど ❷これだけ
かくばかり これほどまでに、こんなに
いかばかり ❶どれほど ❷どんなにか
つゆばかり ほんの少し
つゆばかりの命 はかない命

F――②

ポイント解説 言は／ぬ／ばかり／ぞ

言はぬ《他四「言ふ」の未然形＋打消の助動「ず」の連体形》

ぞ（終助）【文末で】 念押し（次項参照）

☞ まず、打消「ず」の連体形「ぬ」を正しく訳している①と②に絞られる。

連体形に接続した「ばかり」は、一般的に限定の意となる。したがって正解は②。

（E：青山学院大〈英・仏・史〉平成8年、F：センター昭和57年追試）

終助詞

文末に置かれ、願望・禁止・詠嘆・強調などの働きをする助詞である。
「な」「そ」(禁止)
「ばや」「なむ」「てしが(な)」「にしが(な)」「もが(な)」「がな」(願望)
「ぞかし」「かし」「ぞ」(念押し)
「かな」「か」(詠嘆)
があり、なかでも**禁止・願望**は頻出である。以下、それぞれを解説しておく。

な(活用語の終止形、ラ変型活用の連体形に付く)
❶強い禁止(…するな) ❷詠嘆(…なあ、…よ)

そ(活用語の連用形、カ変・サ変動詞の未然形に付く)
❶禁止【副詞「な」と呼応して】(…しないでくれ)
例「な騒ぎそ」:騒がないでくれ

ばや(活用語の未然形に付く)
❶自分の願望(…したいなあ、…したいものだ)
❷他者への願望【「あらばや」の形で】(…あってほしい)

「ばや」には終助詞以外に、接続助詞「ば」+係助詞「や」の用法があり、識別問題としてしばしば出題される。識別のポイントは、終助詞は文末にあり、「ば+や」は文中にあること。また「ば+や」の場合、文末が係り結び(連体形)になっていることである。

例
(a)「梅の花を折ら**ばや**」【終助詞ばや】：梅の花を折りたい。
(b)「心あてに**折らばや**折らむ」【未然形＋接続助詞ば＋係助詞や】：あてずっぽうに折るならば折ることができるだろうか。
(c)「思ひつつ**寝ればや**人の見えつらむ」【已然形＋接続助詞ば＋係助詞や】：（あの人のことを）思いながら寝るのであの人が姿を見せた（夢に出てきた）のだろうか。

なむ（活用語の未然形に付く）
❶他者に対する願望（…してほしい）
☞「なむ」には終助詞以外に、係助詞「なむ」、複合助動詞「なむ（な＋む）」（きっと…だろう）の用法があり、識別問題の常連である。識別のポイントは、終助詞は未然形に、複合助動詞は連用形に、係助詞は多くが体言・連体形に付く、と覚えておこう。

てしが（な）／にしが（な）（活用語の連用形に付く）
❶話し手の願望（…したいものだなあ）

もが（な）／がな（体言に付く）
❶自分の願望（…がほしいなあ、…があればなあ）
☞「もがな」と「がな」には微妙な違いがあるのだが、最低限これだけ覚えておけば対応できる。

ぞかし／かし／ぞ
❶上の語句を強調し、念を押す（…だよ、…であるよ）

かな（体言、連体形に付く）
❶詠嘆（…ことだなあ、…ことよ）

A

あはれ、見ばや

① いとしいなあ、会えればいいなあ
② しみじみと心惹かれるので、会ってみようかしら
③ ああ、会いたいものだ
④ 本当に、会えるかもしれない
⑤ かわいそうだなあ、会ってみたらどうだろうか

B

梅咲かなむ

① 梅が咲くにちがいない
② 梅が咲くであろう
③ 梅が咲くであろうか
④ 梅が咲いてほしい

解答・解説

A―③

ポイント解説 あはれ／見／ばや

あはれ（感） ああ

見《他上一「見る」の未然形》 見る、出会う、結婚する、世話する

願望の終助詞「ばや」を訳出しているのは③だけ。①は不要な可能の文意（「会えれば」）が含まれている。

「ばや」が使われた和歌を一首紹介しよう。

『後撰和歌集』春下・一〇三　源信明《さねあきら》

あたら夜の　月と花とを　同じくは　あはれ知れらむ　人に見せ**ばや**

【訳】（一人で見るのが）惜しい夜の　月と花とを　同じことなら（わたしよりもっと）情趣を理解しているような　人に見せたいなあ

B―④

ポイント解説 梅／咲か／なむ

「咲く」が未然形であることから「なむ」が終助詞であることを見抜く。①②はともに推量で、古文に訳すなら「梅咲かむ」となる。③は推量＋疑問で、古文だと「梅咲かむや」となる。

【例題】次の三つの文章の違いを述べよ。

(a)「梅咲かなむ」

(b)「梅咲きなむ」

(c)「梅咲くなむ」

「咲く」は四段活用動詞。活用は「咲か（未然）／咲き（連用）／咲く（終止）／咲く（連体）／咲け（已然）／咲け（命令）」。(a)は「咲か（未然）＋なむ（終助詞）」で「咲いてほしい」。(b)は「咲き（連用）＋なむ（複合助動詞）」で「きっと咲くだろう」。(c)は「咲く（連体）＋なむ（係助詞）」で強調。

（A：センター平成21年本試、B：法政大〈経営〉平成6年）

C いかで心として死にもしにしがな

① 何とかして思い通りに死んでしまいたい
② なかなか自分としては死ぬにも死ねない気持ちですよ
③ どうかすると心労のあまり死んでしまうかも知れないなあ
④ どうしてそうやすやすと死ぬことなどできるでしょうか
⑤ 思いのままに死んでしまえたらどんなにか気も楽になるだろう

D 御肴《さかな》何がな

① 酒の肴は何があるか
② 酒の肴が何かほしいなあ
③ 酒の肴など何でもいい
④ 酒の肴が何もないのか
⑤ 酒の肴は何がいいだろう

解答・解説

C——①

ポイント解説 いかで／心と／し／て／死に／も／し／にしがな

いかで（副） ❶【反語】どうして…か、いや…ない ❷【疑問】どうして ❸【願望】何とかして（…たい）

心と（副） 自分からすすんで

死にもし《自ナ変「死ぬ」の連用形＋係助「も」＋他サ変「す」の連用形》死にもする

文末にある願望の終助詞「にしがな」を見つけられれば容易に解ける。「にしがな」さえ切り離せれば、「死にもし」の分解にややとまどったとしても、願望の文意を訳しているのは①だけだから「いかで」はこの場合❸の意味。迷わずにすむ。

①が正解だが、より正確な訳は「何とかして自分からすすんで死にたいものだなあ」である。

D——②

ポイント解説 御肴／何／がな

肴（名）「酒菜」の意、つまみ

これも文末にある願望の終助詞「がな」を見つければ簡単だ。

「もがな」が使われた和歌を一首。

『百人一首』五十番　藤原義孝

君がため　惜しからざりし　命さへ
長く<u>もがな</u>と　思ひけるかな

【訳】 あなたと逢うためには　惜しくはなかった命までもが（逢った後には）長くあってほしい（長生きしたい）なあと　思ったことよ

（C：青山学院大〈文〉昭和61年、D：センター昭和59年本試）

E

披露《ひろう》なせられそ

① 他言なさってはいけません
② 早く発表されればよいのだが
③ 噂を立てられると困ります
④ 人々に知らせてください
⑤ さっそくお祝いをしましょう

古文deクロスワード（ろ）

タテ
① 処置、命令
② 煩わしい、面倒だ
⑤ 褒美として与える
⑥ 及ぶ、匹敵する
⑦ 徒歩

ヨコ
① 並ぶものがない
③ 十分である
④ 利口ぶっている
⑦ 大切に育てる

①	②		
③		■	■
■	④	⑤	⑥
⑦			
	■		■

解答・解説

E――①

ポイント解説 披露／な／せ／られ／そ

披露（名） 世間に告げ知らせること、言い広めること

られ《助動「らる」の連用形。活用語の未然形に付く》 ❶受身（…される）❷尊敬（…なさる）❸自発（自然に…される）❹可能（…できる）

禁止の「な…そ」の構文がわかれば即答できる。

「せられ」の意味がすぐにわからなくても、逆に正解の訳の「なさっては」から、「な…そ」の間にある「せられ」が「せ（サ変動詞「す」の未然形）」＋「られ（尊敬の助動詞「らる」の連用形）」であることがわかる。

（E：立教大〈経済・経営・現代文化〉平成16年）

『源氏物語』の作者と言われる紫式部（生没年不詳／土佐光起筆，石山寺蔵）。近頃あまり見られなくなった2000円札の裏には，彼女の肖像画と『源氏物語絵巻』の部分（本書84ページで紹介する「鈴虫」の場面と詞書《ことばがき》の一部）が使用されている。

◉接続助詞

主として活用する語に付いて文節を構成し、つづく下の文節との関係を示す。具体的には、

未然形に付く……で／ば
連用形に付く……ながら／つつ／て／して
終止形に付く……とも／と
連体形に付く……を／に／が／ものの／ものを／ものから
已然形に付く……ば／ど／ども

がある。以下順に意味を説明していく。

で

❶打消（…ずに、…しないで）

ば

未然形に付いて　❶順接仮定（…なら、…たら）
已然形に付いて　❷順接確定（…ので）　❸単純接続（…すると）

ながら

❶動作・状態の継続（…ままで、…の状態で）　❷逆接確定（…のに、…けれども）

つつ

❶反復（何度も…して）　❷継続（ずっと…して）　❸同時平行（…ながら）

❹単純接続（…て、…して）

て／して

❶単純接続（…て）　❷状態（…の状態で）　❸順接確定（…ので）　❹逆接確定（…のに）

とも／と

❶逆接仮定（たとえ…としても）

❷修辞的仮定（たしかに…ても）　☞　この用法は「とも」のみ。

を

❶単純接続（…が、…と）　❷逆接確定（…のに）　❸順接確定（…ので）

に

❶単純接続（…が、…と）　❷逆接確定（…のに）　❸順接確定（…ので）

❹添加（…の上さらに）

が

❶単純接続（…が、…と）　❷逆接確定（…のに）

ものを／ものから

❶逆接確定（…のに）

❷順接確定（…ので）　☞　中世以降の用法。中世以降の文章を読むさいには❶❷の識別が必要。

ものの

❶逆接確定（…のに）

ど／ども

❶逆接確定（…のに）　❷逆接の恒常条件（…てもいつも）

『源氏物語絵巻』（通称『隆能《たかよし》源氏《げんじ》』）より，第38帖「鈴虫」の場面（国宝／五島美術館蔵）。月見の宴に招かれた光源氏が，弟の冷泉院《れいぜいいん》（実は源氏と継母である藤壺との間にできた不義の子）と対座し語り合う場面。『源氏物語絵巻』は，『源氏物語』を題材にした絵巻としては現存する最古のもので，平安時代末期の作とされる。全体で10巻程度あったと推定されるが，現存するのはその一部分のみ。

A

させる秀歌《しゅうか》も詠《よ》まで死なむず

① 特別優れた歌が詠めるまで、まだ死にたくはないのになあ
② たいして優れた歌も詠んでいないが、もう死んでもよいだろう
③ 神を感動させるほどの優れた歌も詠んだので、もう死ぬべきだろう
④ それほどの優れた歌も詠まないで、もう死んでしまうのだろう
⑤ これといった優れた歌も詠めないのに、まだ死ぬわけにはいかない

B

乗りながらや通り給へる

① 馬に乗ったまま通ってはなりません
② 馬に乗ったままお通りになりましたか
③ 馬に乗っても通ることはできません
④ 馬に乗りつつお通りになりました
⑤ 馬に乗りながらお通りになるべきです

解答・解説

A――④

ポイント解説 させる／秀歌も／詠ま／で／死な／むず

させる（連体） 下に打消の語を伴って「たいした…はない」、「それほどの…はない」

むず（助動） 未然形に付いて推量、意志、仮定、婉曲、適当、当然の意を表す。

打消の接助「で」を正確に直訳すると、「詠まで」は「詠まないで」となるので、④と即決。

『百人一首』一九番　伊勢

難波潟《なにはがた》　みじかき蘆《あし》の　ふしのまも
あは**で**この世を　過ぐしてよとや

【訳】難波潟の短いあしの、節と節の間のような
短い間でさえ　逢わないでこの世を　過ごせと言うのか

B――②

ポイント解説 乗り／ながら／や／通り／給へ／る

や（係助） 疑問・反語。

給へ《尊敬の補助動「給ふ」の已然形》 お…になる、…なさる、…してくださる

る《完了の助動「り」の連体形》 係助詞「や」に呼応して連体形になっている。

接続助詞「ながら」に注目すると、訳には「…ままで」か「…のに」といった言葉がなければならず（この場合は「ままで」）、①②が残る。辞書では「ながら」をそのまま「ながら」と訳している場合もあるので、⑤も可能性がある。①②⑤を比較すると、①には「給へる」の尊敬と完了の意が表されていない。⑤には原文にはない義務「べきだ」の訳が入っている。したがって正解は②。④はやや紛らわしいが、「ながら」に同時並行や反復の意（「つつ」で表される）はないので間違い。

「ながら」には他に、接尾語としての用法がある。

ながら（多く数詞に付いて）…全部、…じゅう

みながら（「みなながら」から転じて） すべて、全部

（A：センター平成16年国I追試、B：青山学院大〈文〉平成元年）

C 数ならずながら十六七に侍りしより

① つまらぬ身ではありますが、十六七歳でございました頃から、
② まだ年のそれほど多くない十六七歳でございました頃から、
③ お仕えするにはまだ若かった十六七歳でお仕えしてから、
④ まだいくどもお仕えしたことのなかった十六七歳でございました頃から、
⑤ とるにたらぬ身ながら十六七歳でお仕えしてから、

D 思ふものから

① 思うとすぐに
② 思いはしたけれど
③ 思うことがあれば
④ 思ったものだから
⑤ 思うに違いないので

解答・解説

C——①

ポイント解説　数ならず／ながら／十六七／に／侍り／し／より

数ならず　とるに足りない、問題にならない

に《断定の助動「なり」の連用形》…で

侍り《「あり」の丁寧語》…ございます

し《過去の助動「き」の連体形》…た

「ながら」は継続（「…ままで」など）か逆接確定（「…のに」など）なのだから、すぐに①⑤に絞られる。「侍りしより」の「し」は連体形なので、「し」の後には体言が必要で「～た時から」と訳す必要があり、⑤は間違い。

『百人一首』五二番　源道信朝臣

明けぬれば　暮るるものとは　知り**ながら**　なほうらめしき　朝ぼらけかな

【訳】夜が明けると　日が暮れる（またあなたに逢える）ものだということは　わかっているのに　やはり恨めしい　（あなたと別れた後の）夜明け（朝ぼらけ＝ほのぼのと夜が明ける頃）だなあ

D——②

ポイント解説　思ふ／ものから

「ものから」は逆接「…のに」か順接「…ので」（中世以降）。したがって即②⑤に絞られる。⑤には推量「違いない」という不要な訳が含まれている。よって正解は②。

「ものを」は**終助詞**としても使われる。その場合は「…のになあ」と訳す。識別のポイントは、文中にあれば接続助詞、文末にあれば終助詞。

『百人一首』七四番　源俊頼朝臣

うかりける　人を初瀬の　山おろし　はげしかれとは　祈らぬ**ものを**

【訳】（私に）つれなかった　あの人が（私になびくように初瀬の観音に祈ったのだが）初瀬の山おろしの風よ（まさかあの人の冷淡さがお前のように）激しくあれとは祈らなかったのに

（C：青山学院大〈経営〉昭和60年、D：センター昭和56年追試）

E　責め守りければ

① いじわるく門を閉めてしまったので
② 自分の非を責めては娘を見つめるたびに
③ 娘をなじり家名を守ろうとするならば
④ 口やかましくいって戸締りをするならば
⑤ 文句を言っては監視していたので

F　いふかひなくはらだちなば

① 清盛が、意味もなく腹を立ててしまったことは
② 清盛が、手のつけられないほど腹を立ててしまったならば
③ 長方が、つまらないことで腹を立ててしまうようでは
④ 長方が、どうしようもないほど腹を立てるようなことは
⑤ 清盛と長方が、どちらも相手に対して腹を立ててしまった場合には

＊清盛＝平清盛、長方＝藤原長方《ながかた》

解答・解説

E——⑤

ポイント解説 責め／守り／けれ／ば

💡**責め**《**マ下二「責む」の連用形**》難詰する、文句を言う

💡**守り**《**ラ四「守る」の連用形**》じっと見る、番をする

💡**けれ**《**過去の助動「けり」の已然形**》…た

選択肢の文の内容がすべて全く違っていて、一見するととっつきにくく見えるかもしれない。だが接続助詞「ば」に注目すれば、すぐに2択に絞れる。「ば」は**已然形に接続した場合**は順接確定（…ので）か単純接続（…すると）なのだから、①か⑤である。①は過去を表す助動詞「けれ」を「…てしまった」と完了に訳しているので間違い。

2択に絞っても、助動詞「けり」の知識がなかったらどうするか。文の構造に注目する。原文冒頭、「責め／守り」と動詞が二つ重なっている。①には動詞が「閉めて」一つしかないが、⑤には「文句を言って」と「監視していた」の二つがある。したがって正解は⑤ということになる。

F——②

ポイント解説 いふかひなく／はらだち／な／ば

💡**いふかひなく**《**形「いふかひなし」の連用形**》❶どうしようもない ❷つまらない ❸見苦しい ❹幼稚だ

💡**な**《**完了の助動「ぬ」の未然形**》…てしまう、…てしまった

接続助詞「ば」に注目。上に完了の助動詞「ぬ」の未然形があるので、ここは順接仮定で「…なら」と訳されるはず。②で即決。

「な」は「ぬ」の未然形➡「ば」は順接仮定、と見抜けなかったとしても、原文が「ば」で終わっているのだから訳の末尾は「ならば」「たらば」「ので」「すると」のいずれか以外にはなく、いずれにしても正解は②しかありえない。

📎**『百人一首』八九番　式子《しきし》内親王《ないしんのう》**

玉の緒よ　絶えな**ば**絶えね　ながらへ**ば**
忍ぶることの　弱りもぞする

【訳】 わが命よ　絶えてしまうのならば絶えてしまえ　生きながらえるならば　（恋の思いを人に知られないように）秘密にして隠す力が弱まったりすると困る

（E：明治大〈商〉平成6年、F：青山学院大〈経営〉平成16年）

格助詞

名詞・代名詞・活用語の連体形などに付いて文節を構成し、つづく下の文節に対してどのような資格かを示す助詞。「が」「の」「を」「に」「へ」「と」「とて」「から」「より」「にて」「して」がある。

注意して見ないと見過ごしてしまいそうな小さな助詞だが、択一問題では間違いさがしのポイントになることが多いので、それぞれの意味をしっかり押さえておこう。

が

❶主格（…が）　❷同格（…で）　❸連体格（…の）　❹準体格（…のもの）

❺比喩（…のように）

の

❶主格（…が）　❷同格（…で）　❸連体格（…の）　❹準体格（…のもの）

☞「が」と「の」は訳がほとんど同じになる。「の」に❺比喩の意が含まれる点だけが違う。

を

❶対象、場所、期間（…を、…に、…に対して）

❷主格（…が）

☞ 自動詞や形容語とともに用いる。【例】山を高み＝山が高いので

に

❶場所、時、対象（…に）❷手段、方法、状態（…で）❸資格、地位（…として）

❹原因、理由（…のために）❺比較（…より）❻尊敬（…におかせられては）

へ

❶方向（…に向かって）❷帰着点（…に）❸対象（…に対して）

と

❶引用、並立、共同（…と）❷比喩（…のように）❸結果（…に）

とて

❶引用（…と言って、…と思って）❷理由、原因（…というので、…からといって）

から

❶起点（…から）❷原因、理由（…によって、…のために）❸手段、方法（…で）

より

❶起点（…から）❷経由点（…を通って）❸手段、方法（…で）❹即時（…やいなや）

にて

❶場所、手段（…で）❷原因（…によって）❸状態（…として）

して

❶使役の相手（…に命じて、…を使って）❷手段、方法、人数（…で）

A

小式部《こしきぶ》が歌のよきは、母の和泉式部《いずみしきぶ》によませて、ぬしになる

① 小式部が歌に優れているのは、母の和泉式部が作った歌をうまく模倣するからだ
② 小式部の歌で優れているのは、母の和泉式部に詠んでもらった歌を自作として発表したものだ
③ 小式部の歌で優れているのは、母の和泉式部が作った歌からうまい言いまわしを借りたものだ
④ 小式部が歌に優れているのは、母の和泉式部に見せて出来のいいのを選んでもらうからだ
⑤ 小式部の歌で優れているのは、母の和泉式部に見せて手を入れてもらったものだ

＊小式部＝小式部内侍《こしきぶのないし》。平安時代の歌人。

『小倉百人一首』には「大江山いく野の道の遠ければまだふみもみず天の橋立」の歌が撰ばれている

解答・解説

A――②

ポイント解説 **小式部が歌／の／よきは、／母の和泉式部に／よませて、／ぬしになる**

☞ まず「歌のよきは」の格助詞「の」に注目。後ろに「よき」と形容詞連体形があるので、この「の」は同格を表す。したがって前半は「小式部の歌（のなか）で優れている歌は」ということになる。この時点で②③⑤が残る。

次に格助詞「に」は「母の和泉式部」＝人物に付いており、「よませて」の使役の対象を表していることがわかる。「和泉式部によませて」で、小式部が母に歌を詠ませた⬇歌を詠んだのは母ということになる。したがって正解は②。

（A：センター昭和61年本試）

古典よもやま

小式部内侍の卓抜な歌の才が宮中で評判になっていた当時、彼女の歌は名高い歌人である母・和泉式部の代作によるものではないかという噂が立っていた。『百人一首』に収められた有名な「大江山…」もその噂にまつわる歌である。あるとき宮中での歌合《うたあわせ》に歌を寄せることになった小式部内侍に対して、四条中納言藤原定頼が次のように言った。「丹後（現在の京都府北部）に住むお母上（和泉式部）のところに、代作をお願いする使者は出されましたか、お返事は来ましたか」。これに対して小式部がその場で返事として詠んだのが「大江山…」である。歌の意味は次の通り。「大江山を越えて近隣の生野《いくの》（現在の京都府亀岡市内）へ向かう道のりですら（私にとっては）遠い（行ったことがない）のですから（まして母のおります）天の橋立（の地）を踏んだこともありませんし、母からの手紙（ふみ）も見てはおりません」。代作の噂を揶揄した中納言の意地悪な問いかけに対して、小式部は巧みに歌で答えたのだった。中納言は歌のあまりのみごとさに絶句し、返歌（当時は歌には歌を返すのが礼儀であった）もできず逆に恥をかいたという。しかしこれも言い伝え・物語のなかのことであり、はたして代作だったのか否か、真偽は不明である。

B　をさなき御心をおしはかりて、みことうけ給ふ

①　実為中将は、全くむちゃな思いつきだとあきれて、仰せを聞きながされる
②　実為中将は、幼い子供の言うことだからしかたがないと思って、仰せを殿上人たちに下される
③　実為中将は、幼稚で言い出したらきかない御気性を考えて、仰せを殿上人たちにお伝えする
④　実為中将は、幼くともいずれ天皇になられる皇子のお言葉だからと思って、仰せをお聞きになる
⑤　実為中将は、幼い無邪気なお気持ちを汲んで、仰せを御承知になる

＊実為：阿野実為《あのさねため》。南北朝〜室町時代の公卿《くぎょう》。

解答・解説

B――⑤

ポイント解説 をさなき御心／を／おしはかりて、／みこと／うけ給ふ

みこと（御言）（名） 神、天皇、貴人などの言葉。仰せ。

☞ ここでも格助詞「を」で選択肢を絞り込める。動詞（この場合「おしはかりて」）の前にある「を」は、文の目的語（この場合「をさなき御心」）を動作の対象とし、「～を…する」「～に対して…する」の意となる。この文意を反映しているのは③の「御気性を」と⑤の「お気持ちを」のみ。

次に文末の「うけ給ふ」に注目。尊敬語「給ふ」を正しく訳している⑤が正解。③の「お伝えする」は謙譲語（「伝える」を尊敬語にするなら「お伝えになる」でなければならない）。

☞ 尊敬語・謙譲語を見分けられない場合は、「をさなき御心」の意味を考えればよい。③の「言い出したらきかない」はどう見ても余計な語であり、⑤に行き着く。

（B：センター昭和62年追試）

古典よもやま

阿野家は、実為の祖父である実廉《さねかど》の妹・廉子《やすこ》（新待賢門院《しんたいけんもんいん》）が後醍醐《ごだいご》天皇の寵妃《ちょうき》であったことから、代々南朝《なんちょう》（吉野朝廷）に仕えた。南朝最後の天皇、後亀山《ごかめやま》天皇は生涯を通じて実為に厚い信を置き、側近として重用した。実為は南北朝合一後も出家して後亀山に仕えたという。後亀山の母・嘉喜門院《かきもんいん》が実為の娘であるという説もある。また実為は歌人としても活躍し、南北朝時代の準勅撰集『新葉和歌集』に11首が収められている。

C

潟《かた》を無《な》み

① 水のあるところが他にないかと
② 水の引いたところがないだろうかと
③ 水の溜っているところがなくなったので
④ 水から現れている地面がなくなったので

D

一期《いちご》の高名《かうみやう》とおぼえしは

① その当時、武勇の人として名の通ったのは
② 世間一般から高い評価を受けると感じられたことは
③ 一時期、評判の秘法をあやつると信じられたのは
④ 生涯を通じての最高の名誉と思われたことは
⑤ 歴史上名高い人として人々の記憶に残っているのは

解答・解説

C――④

ポイント解説 潟を／無み

潟（名） 干潟。遠浅の海岸で、引き潮になると現れるところ。

み（接尾） ❶【形容詞の語幹に付いて】原因・理由（…ので）❷【動詞、助動詞「ず」の連用形に付いて「…み、～み」の形で】動作の列挙（…したり、～したり）【例】「泣きみ笑ひみして」（蜻蛉日記）➡「泣いたり笑ったりして」

☞ 格助詞「を」が主格を表すケース。「**…を～み**」は慣用句（…は体言、～は形容詞の語幹）なので、「**…が～ので**」という訳で覚えてしまおう。この公式に従えば③か④。あとは「潟」だが、意味がわからない漢字が出た場合は熟語にすると意味がはっきりする場合が多い。「潟」から「干潟」を連想すれば、「干潟」は「乾いている」ので正解は④。

📎「…を～み」の「を」を間投助詞とする辞書もある。

📎『百人一首』七七番 崇徳院《すとくいん》

瀬**を**はや**み** 岩にせかるる 滝川の
われても末に 逢はむとぞ思ふ

【訳】川の瀬の流れが速いので 岩にせき止められる滝川の水は 二つに分かれても一つになるように、今はあなたと別れ別れになっても将来必ず逢おうと思う。

D――④

ポイント解説 一期／の／高名／と／おぼえ／し／は

一期（名） 一生、生涯 ▼「一期《いちご》一会《いちえ》」：生涯に一度限り

高名（名） ❶有名なこと【例】「高名の木登りと言ひし男」（徒然草・一〇九）➡「有名な木登り（の名手）と言った男」❷手柄を立てること

おぼえ《「思ふ」＋自発・可能・受身の助動「ゆ」（自下二）の連用形》 自然にそう思われる、似る（他下二の場合「…を思い出す」）

し《過去の助動「き」の連体形》

☞ 「おぼえ」は、格助詞「と」が付いているので自動詞と判断できる。つまり「と」の役割は引用だ。すると「おぼえし」は「…と感じられた」「…と思われた」となり、②④が残る。

次に「一期の高名」は名詞句だから、「…受ける」と用言の連用形を持ってきている②は間違い。

（C：上智大〈経・法〉平成9年、D：センター昭和58年本試）

E　帰りけるとかや

① 帰ったのだった
② 帰れたのだろうか
③ 帰れるはずもなかった
④ 帰ったとかいうことだ
⑤ 帰って来られなかったとさ

古文deクロスワード⑭

タテ

② 恐れ多い、尊い
③ ゆかり
④ 後見、支持
⑤ 声に出して言う

ヨコ

① ～らしくする
④ 非常に
⑤ 狭い、窮屈だ
⑥ 死んでいる
⑦ そっと、静かに

解答・解説

E――④

ポイント解説 帰り／ける／と／か／や

とかや《格助「と」＋係助「か」＋間投助「や」》 ❶【文中に用いて】…とかいう ❷【文末に用いて】…とかいうことだ

連語「とかや」の意味を知っていれば一発。頻出する句なので覚えておきたい。

引用の格助詞「と」に他の助詞が組み合わさった語は他にもある。

とこそ／とぞ／となむ／とや… 「と」＋係助詞。文末に用いられた場合は、下に来る「言ふ」「聞く」が省略されることが多い。訳すときは「…ということだ」と伝聞形にする。

ただし「**とや**」だけは、伝聞以外に、「…というのか」と疑問の形で訳さなければならない場合もあるので、前後の文脈に注意が必要だ。

（E：立教大〈経済〉平成6年）

98ページで紹介した歌「瀬をはやみ…」を題材に，江戸時代末期の浮世絵師歌川国芳《うたがわくによし》が描いた浮世絵。讃岐《さぬき》に流された崇徳院《すとくいん》（1119-64　第75代天皇）のおどろおどろしい姿が描かれている。強力な院政を敷いていた父・鳥羽上皇に厭《いと》われ，朝廷内での権力回復を図って「保元の乱」を起こすも平清盛らに鎮圧され失敗，配流の憂き目にあった崇徳院の朝廷への恨みは深く，菅原道真《すがわらのみちざね》，平将門《たいらのまさかど》と並んで「日本三大怨霊」の一人とされる。

2 《敬語》編

現代人にとってはもはや馴染みの薄い語法であるが、古典では主語決定に重要な役割を果たすものなので、ぜひ習熟したい。敬語動詞は全部で約70あり、入試に頻出するのはそのうちの約30である。

以下ではその約30の敬語について、尊敬語・謙譲語・丁寧語に分け、さらにそれぞれのなかで本動詞と補助動詞（それ自体では意味を持たず、前の動詞との組み合わせで意味を形成する動詞）ごとに説明していく。

敬語は古典の最大の難関の一つである。しかし、本書ではあくまで基礎知識の習得に主眼を置き、以下に解説する意味さえ押さえておけば107ページ以降のクイズを解くことができるように考慮した。

尊敬語

◎尊敬語の本動詞

通常の古語	尊敬語の現代語訳	尊敬語の本動詞
あり、をり	いらっしゃる、おありになる（存在）	います、いまそがり、おはす、おはします、ます、まします
行く、来	いらっしゃる、お出かけになる	います、おはす、おはします、ます
言ふ	おっしゃる	のたまふ、のたまはす、おほす
思ふ	お思いになる	思す（おぼす）、思し召す（おぼしめす）、思ほす（おもほす）
知る、治る	知っておられる、お治めになる	しらす、しろしめす
見る	ご覧になる	ご覧ず

聞く	お聞きになる	聞こす、聞こし召す
与ふ	お与えになる、下さる	給ふ、たぶ、たうぶ、給はす、つかはす
寝《ぬ》	おやすみになる	おほとのごもる（大殿籠る）
やる	派遣なさる	つかはす
着る	お召しになる	たてまつる、参る
食ふ、飲む	召し上がる	たてまつる、参る

◎尊敬語の補助動詞

何に付くか	尊敬語の現代語訳	尊敬語の補助動詞
●活用語の連用形	…（て）いらっしゃる	…います、…いまそがり、…おはす
●活用語の連用形＋接続助詞「て」	…（で）いらっしゃる	…おはします、…ます、…まします
●活用語の連用形	…なさる、お…になる …（て）くださる	…給ふ（四段活用） …たぶ、…たうぶ

謙譲語

◎謙譲語の本動詞

通常の古語	謙譲語の現代語訳	謙譲語の本動詞
行く、来	参上する	参る、まうづ、まうでく、まうのぼる まかる、さぶらふ
退《しりぞ》く	おいとまする	まかる、まかづ
言ふ	申し上げる	申す、きこゆ、きこえさす 啓す(けいす)、奏す
思ふ、知る	存じ申し上げる	存ず
与ふ	さしあげる	たてまつる、参らす
聞く	伺う、お聞きする	承る
受く	いただく	賜はる、承る

す	いたす	つかうまつる、つかまつる、いたす
仕ふ	お仕え申し上げる	侍り、さぶらふ、つかうまつる、つかまつる

◎尊敬語の補助動詞

何に付くか	謙譲語の現代語訳	謙譲語の補助動詞
●活用語の連用形	…し申し上げる お…する	…たてまつる、…まゐらす …まうす、…きこゆ、…きこえさす
●「思ふ」「見る」「聞く」など知覚動詞の連用形(会話・手紙文)	「…させていただく」(自己卑下)の意だが、多くは丁寧語で「…ます」と訳す	…給ふ(下二段)＊

＊「給ふ」は、四段活用なら尊敬語の補助動詞、下二段活用なら謙譲語の補助動詞と、活用によって意味が異なるということになる。この識別は主語決定にさいして重要なポイントとなるが、要は**会話や手紙文に現れた「給ふ」を識別すればよい**。会話や手紙文でない地の文に現れた「…給ふ」、上に「思ふ」「見る」「聞く」などの知覚動詞が来ていない「…給ふ」はすべて四段活用＝尊敬語の補助動詞である。ただし、択一問題でこの識別が出題されることはほとんどない。**択一問題に出てくる「…給ふ」は9割方が尊敬語**だと思っていてよい。

丁寧語

◎丁寧語の本動詞

通常の古語	丁寧語の現代語訳	丁寧語の本動詞
あり、をり	あります、おります	侍り、さぶらふ
行く、来	行きます	参る

◎丁寧語の補助動詞

何に付くか	丁寧語の現代語訳	丁寧語の補助動詞
●活用語の連用形	…（て）おります	…侍り＊、…さぶらふ
●活用語の連用形＋接続助詞「て」	…（で）ございます	

＊「…侍り」は平安時代、会話文や手紙文に多く用いられたが、平安の末期になると「…さぶらふ」が「…侍り」にとってかわった。

A 縁こそはおはしまさざるらめ

① 鞍馬の本尊さまには私との縁がおありにならないようだ
② 私は鞍馬の本尊さまとの縁がないようだ
③ 私には本尊さまの御利益が得られないようだ
④ 本尊さまは縁側にはいらっしゃらないようだ
⑤ 本尊さまは縁つづきではいらっしゃらないようだ

B いかでかいませし

① どうしてここへおいでになったのですか
② なぜあの世へ行ってしまわれたのでしょう
③ ここへいらっしゃるはずもありません
④ どうお過ごしになっていたのですか
⑤ なぜ今ごろやってきたのでしょう

解答・解説

A——①

ポイント解説 縁／こそは／おはしまさ／ざる／らめ

縁（名） ゆかり、縁故、血縁【仏教語】因縁

こそは《係助「こそ」＋係助「は」》

ざるらめ《打消の助動「ず」の連体形＋現在推量の助動「らむ」の已然形》…ないだろう

尊敬の本動詞「おはします」に注目。訳は「いらっしゃる、おありになる」だから、①④⑤が残る。

強調の係助詞「こそは」（「こそ」＋「は」の複合形）はとってしまっても意味は通じる（係り結びを外す）。さらに尊敬の本動詞「おはします」を通常語に直す。すると、「縁あらざるらむ」＝「縁がないだろう」となり、正解は①（ただし「縁がないようだ」は正確な訳ではない）。

B——①

ポイント解説 いかでか／いませ／し

いかでか《副「いかで」＋係助「か」》❶【疑問】どうして…か ❷【反語】どうして…か、いや…ない ❸【願望】何とかして（…たい）

し《過去の助動「き」の連体形》

尊敬の本動詞「います」は「いらっしゃる、お出かけになる」だから、①②③が残る。

③には過去の「し」が訳されていないので間違い。

②には「…のでしょう」と不要な推量の文意が入っている。したがって正解は①。

（A：青山学院大〈経営〉平成元年、B：センター平成11年国Ⅰ追試）

C　などかくのみおぼしたらむ

① どうしてこんなに、様々なことを悩み続けていらっしゃるのだろう
② どうしてこんなに私たちのことを心配してくださるのだろう
③ どうしてこんなに不吉なことばかりお考えになるのだろう
④ どうしてこんなにつまらないことばかり思い浮かぶのだろう
⑤ どうしてこんなにご立派な態度でいらっしゃるのだろう

D　いとかしこく思し召し、忘れさせ給はざれば

① 大変な賢臣で思いやりが深く、お忘れにはならなかった
② たいそうすぐれたこととお思いになり、お忘れになることがなかったので
③ 非常に恐ろしい体験とお思いになり、お忘れになれなかったので
④ とてももったいなく思い申し上げ、お忘れ申し上げることができなかったので
⑤ とりわけ際立った思い出にされ、忘れさせないようになさったので

解答・解説

C―③

ポイント解説 など／かく／のみ／おぼし／たら／む

など（副）❶【疑問】どうして…か ❷【反語】どうして…か、いや…ない

かく（副）このように、こうして

のみ（副助）❶【限定】…だけ ❷【強調】…ばかり、ただもう…

たらむ《存続・完了の助動「たり」の未然形＋推量の助動「む」の連体形》

尊敬の本動詞「おぼす」があるのだから、④は即除外。「おぼす」＝「お思いになる」「お考えになる」なので正解は③以外にない。①②⑤も尊敬文になってはいるが、限定の「のみ」を訳しているのは③だけだ。

D―②

ポイント解説 いと／かしこく／思し召し／忘れ／させ／給は／ざれ／ば

いと（副）❶非常に、たいそう、とても ❷（下に打消語を伴って）あまり、たいして

かしこく《形「かしこし」の連用形》畏れ多い、高貴だ、優れている、好都合だ、（「かしこく」の形で）非常に、恐ろしく

ざれば《打消の助動「ず」の已然形＋接助「ば」》…ないので

尊敬の本動詞「思し召す」は「お思いになる」「お考えになる」。これですぐ②③に絞られる。

次に「忘れさせ給はざれば」を見よう。ここでは「させ」が尊敬の助動詞、「給ふ」が尊敬の補助動詞で、尊敬語が重ねてある。訳は「お忘れにならなかったので」。②③を比べると、③は「なれなかった」と原文には含まれない不可能の文意を訳している。したがって正解は②。

（C：青山学院大〈日B〉平成15年、D：センター平成17年国I追試）

E かしこく内をご覧ぜで、帰らせ給ひぬ

① うまく屋内をお見せしないで、お帰りいただけましたね
② 賢明にも屋内をご覧になろうともせず、お帰りになってくださいましたね
③ 畏れ多くも屋内をお見せしないで、お帰らせなさいましたね
④ 都合よく屋内をご覧にならないで、お帰りになりましたね

F 聞こえ給はしむこと聞こし召せ

① お聞きになったことを申し上げなさい
② 申し上げなさることにお従い下さい
③ お伝え申し上げることにお答え下さい
④ 申し上げなさることをお聞き下さい

解答・解説

E―④

ポイント解説　かしこく／内を／ご覧ぜ／で、／帰ら／せ／給ひ／ぬ

で（**接助**）【打消】…ずに、…しないで

ぬ《**完了の助動「ぬ」の終止形**》…してしまった

尊敬の本動詞「ご覧ず」は「ご覧になる」なので、②④に絞られる。

②の「…なろうともせず」は原文にない意志の意味を含んでいるので、正解は④。

F―④

ポイント解説　聞こえ／給は／しむ／こと／聞こし召せ

謙譲の本動詞「聞こゆ」の訳は「申し上げる」。

これに接続している「給ふ」は尊敬の補助動詞である。このように**謙譲の本動詞＋尊敬の補助動詞**の形をとって、語り手から二人の人物への敬意を表す表現を**二方面敬語**という。ここでの訳は「申し上げなさる」ということになるので、②④に絞られる。

次に尊敬の本動詞「聞こし召す」は「お聞きになる」だから、正解は④。

ちなみに正解の④、使役の助動詞「しむ」を訳していないのでやや不正確だ。Fの正確な訳は「申し上げさせなさることをお聞き下さい」である。

（E：上智大〈法・国際〉平成6年、F：中央大〈文〉昭和55年）

G 書きてたべ

① お書きになって行かれよ
② 書いてお与え下さい
③ 書いてみて下さい
④ 書いて差し上げよ
⑤ お書き申せ

H つかはされければ

① 人に持たせてやったところ
② お示し申し上げたところ
③ お与えになられたところ
④ 仕上げられたところ
⑤ 差し上げたところ

解答・解説

G――②

ポイント解説 書き／て／たべ

尊敬の本動詞「たぶ」は「お与えになる、下さる」なので、正解は②。

H――③

ポイント解説 つかはさ／れ／けれ／ば

尊敬の本動詞「つかはす」は「お与えになる、下さる」なので、正解は③。ちなみにその後の「れ」（助動詞「る」の連用形）も尊敬語。

（G・Hともに：青山学院大〈法〉平成16年）

古典文法のツボ

◉主語を補う(1)　会話文中の敬語

よく「古文は主語の省略が多くてわかりづらい」と言われるが、**敬語で主語が判別できる**場合がある。会話文がその典型だ。現代語で一例を挙げよう。

「おっしゃることは何でもいたします」

ここには人物名＝主語が示されていないが、われわれには「おっしゃる（尊敬語）」人が話し手より目上の人、「いたす（謙譲語）」人が話し手であることがわかる。

会話文中の主語決定の一般的法則は次の通り。

❶**尊敬語**の主語は　**あなた・彼・彼女**（目上の人）

❷**謙譲語**の主語は　**私・私の家族など**（関係者）

I うたたねなるやうに大殿ごもれるかたはらに

① まるで仮寝のようにして崩御されたその辺りに
② 仮寝であったかのようにお目覚めになったその後に
③ まるで仮寝のようにおやすみになっているそのそばに
④ 仮寝ができるように寝殿に引きこもられたそのすぐ近くに
⑤ まるで仮寝に慣れたように体を横たえられているその脇に

J （対面し給はむとて、御直衣《なほし》など）たてまつる
＊（　）内は設問対象の直前の部分

① さしあげる
② ご用意する
③ お召しになる
④ お脱ぎになる
⑤ おかたづけになる

解答・解説

I――③

ポイント解説

うたたね／なる／やうに／大殿ごもれ／る／かたはらに

なる《断定の助動「なり」の連体形》…である

る《存続の助動「り」の連体形》…している

尊敬の本動詞「大殿ごもる」は「お休みになる」なので、正解は③以外にない。

J――③

ポイント解説

（対面し／給は／む／と／て、／御直衣／など）／たてまつる

直衣（名） 貴族の平服

「たてまつる」は、謙譲の本動詞なら「与ふ」の謙譲語（さしあげる）。尊敬の本動詞なら「食ふ」「飲む」「着る」の尊敬語（召し上がる、お召しになる）。したがってまず謙譲の①か尊敬の③に絞られる。

次に、接続助詞「て」の前後では主語はほとんど変わらない。つまり、**「て」の前の動詞が尊敬語ならば、「て」の後の動詞も尊敬語**となる。

この場合、前の「給ふ」は尊敬語なので、後の「たてまつる」も尊敬語となり、正解は③。

（I：明治大〈商〉平成16年、J：國學院大〈文A（外）〉平成9年）

K　何をか習ひ給ふべき

① 何をお習いするつもりか
② 何をお習いになるつもりか
③ なぜお習いするのだろうか
④ なぜお習いになるのだろうか
⑤ 何もお習いする必要がないではないか
⑥ 何もお習いになる必要がないではないか

L　啓せさせむ

① 中宮に申し上げよう
② 中宮に申し上げさせよう
③ 中宮に申し上げなさろう
④ 天皇に申し上げよう
⑤ 天皇に申し上げさせよう
⑥ 天皇に申し上げなさろう

解答・解説

K——②

ポイント解説 何を／か／習ひ／給ふ／べき

何を《疑問代名詞「何」＋格助「を」》

か（係助） 疑問（…か）、反語（…か、いや…ない）

べき《助動「べし」の連体形》 推量（…にちがいない、…だろう）、意志（…しよう）、予定（…予定である）、適当（…のがよい）、命令（…せよ）、可能（…できる、…できそうだ）、当然（…はずだ）、義務（…なければならない）

「給ふ」は尊敬の補助動詞（…なさる、お…になる、…（て）くださる）なので、②④⑥に絞られる。

「何を」の「を」は疑問代名詞「何」に付いている格助詞で、「習ふ」の対象を示しており、そのまま訳出する必要がある。よって正解は②。

L——②

ポイント解説 啓せ／させ／む

させむ《使役の助動「さす」の未然形＋意志の助動「む」の終止形》

謙譲の本動詞「啓す」は「申し上げる」。

この「**啓す**」は**絶対敬語**（ある人物に、人称や場面にかかわらず常に一定の表現を用いる敬語）と言われるもので、「申し上げる」相手は**天皇以外の皇族**（皇太子、皇后、皇太后、太皇太后）と決まっている。したがって「天皇に」としている④⑤⑥がまず外れる。ちなみに「申し上げる」相手が**天皇や上皇**の場合は、同じく絶対敬語の「**奏す**」が使われる。

①②③を見ると、意志を表す「む」はいずれも訳出してあるが、使役の「さす」を訳しているのは②だけ。よって正解は②。

（K：國學院大〈法–法律〉平成16年、L：國學院大〈文B〉平成11年）

M 領地など参らせ侍るべし

① 領地に赴任なさってください
② 領地に参上させるつもりです
③ 領地を献上してもらいたいものです
④ 領地を差し上げましょう
⑤ 領地を没収するしかありません

N 頼長《よりなが》の左府《さふ》これを賜はりついで

① 左大臣頼長は、この御剣を帝からいただいてとりついで
② 左大臣頼長は、この御剣を頼政から一度はもらい受けて
③ 左大臣頼長は、帝からの御剣に他の引出物を添えて
④ 左大臣頼長は、御剣を下さるという帝のことばを伝えて
⑤ 左大臣頼長は、妖怪を退治した時の剣を帝に献上したついでに

＊頼長：藤原頼長。平安時代末期の公卿。

解答・解説

M―④

ポイント解説 領地など／参らせ／侍る／べし

☞「参らす」は謙譲の本動詞（さしあげる）か、謙譲の補助動詞（…し申し上げる、お…する）なので、③か④。
③の「…してもらう」という意味の語は原文にはないので、正解は④。
ちなみに④では、丁寧の補助動詞「侍る」＋意志の助動詞「べし」が「…しましょう」と訳されている。

N―①

ポイント解説 頼長の左府／これを／賜はり／ついで

☞「賜はる」は謙譲の本動詞で「受く」の謙譲語（いただく）なので、正解は①。

（M：センター平成17年国I追試、N：センター昭和58年）

左大臣藤原頼長（鎌倉時代の肖像画集『公家列影図《くげれつえいず》』より）。その苛烈で容赦を知らない性質から「悪《あく》左《さ》府《ふ》」と呼ばれた。

O　さぶらふ人々

①　女君にお仕えする女房達
②　女君の警護にあたる武士達
③　女君のお世話をする乳母達
④　女君に言い寄ってくる公卿達

P　つかうまつれ

①　言いたいことを言え
②　行列の邪魔だからどけ
③　失礼なことはやめろ
④　ここから帰ってよい
⑤　行列のお供をしろ

解答・解説

O―①

ポイント解説 さぶらふ／人々

「さぶらふ」は謙譲の本動詞（お仕え申し上げる、参上する）か、丁寧の本動詞（あります、おります）か、丁寧の補助動詞（…おります、ございます）のいずれか。選択肢の中では①の「お仕えする」しか該当するものはない。

P―⑤

ポイント解説 つかうまつれ

「つかうまつる」は謙譲の本動詞で「す」「仕ふ」の謙譲語（いたす、お仕え申し上げる）。かなりの意訳ではあるが、謙譲の文意が訳されているのは⑤だけだ。Pの一文だけを正確に訳すなら、「お仕え申し上げよ」である。

（O：日本女子大〈人社〉平成13年、P：中央大〈文〉平成10年）

古典文法のツボ

◉主語を補う(2)　贈答の和歌

字数が三一字と決められている和歌の場合、たいてい主語は省略される。特に自分の気持ちを相手に伝える目的で贈られる**贈答の和歌**では、主語を補って読まないと意味がわからない。一首紹介しよう。

『伊勢物語』第三〇段

むかし、男、はつかなりける女のもとに

「あふことは玉の緒ばかりおもほえて　つらき心の長く見ゆらむ」

【訳】 昔、男、ちょっと会った女のもとに

（贈った歌）

「（あなたと）会うのは、玉の緒（ほんの短い時間）ほどに思われて、つれない（あなたの）心がどうして（私には）長く見えるのだろうか」

Q　かれこれ物語し侍りけるを聞きて

① とやかく悪口をおっしゃいましたのを聞いて
② あれこれ話をしておりましたのを聞いて
③ なんのかのとうわさを申していたのを聞いて
④ あちこちで談笑なさっていたのを聞いて

古文deクロスワード㋥

タテ
① 心がひかれる、親しい
② 大声で騒ぐ
⑤ 参上する
⑥ まさか（〜まい）

ヨコ
① 居ない
③ 終わる、死ぬ
④ やかましい
⑥ 風情、由緒、つて
⑦ 引き連れる
⑧ 疎遠になる

■	①		■	②
③		■	■	
■	④		⑤	
⑥		■	⑦	
	■	⑧		■

解答・解説

Q――②

ポイント解説 かれこれ／物語し／侍り／ける／を／聞きて

かれこれ（代名） ❶あれこれ ❷あの人この人

ここでの「侍り」は、「物語す」という動詞に付いているので丁寧の補助動詞であり、訳は「…おります」「…ございます」となる。該当するのは②の「話をしておりました」だけ。

（Q：明治大〈経営〉平成19年）

122ページ下段で紹介した『伊勢物語《いせものがたり》』（作者・成立共に未詳）は，平安初期に成立したと推定されている歌物語。古くは『在五が物語』『在五中将の日記』などの異名があった。六歌仙《ろっかせん》の一人在原業平《ありわらのなりひら》（825-880）の和歌（業平作と仮託されたものも含む）を多く採録し，業平の面影が感じられる主人公（それ以外の人物が主人公となっている段もある）が元服してから死ぬまでの一代記風の体裁をとり，ほとんどすべての段が「昔，男ありけり」あるいは「昔，男」で書き出されている。上掲，業平の肖像画は幕末の日本画家・菊池容斎《ようさい》作『前賢故実』（500人を超える先聖賢臣の絵付き略伝書）より。

3 《陳述の副詞（慣用句的用法）》編

「副詞」について、角川『全訳古語辞典』は次のように説明している。

副詞とは主として用言を修飾し、かかっていく語の意味を詳しく説明したり限定したりする語。意味・用法から「情態の副詞」「程度の副詞」「陳述の副詞」の三種類に分けられる。

「陳述の副詞」——ある決まった語と呼応して、修飾する語の意味を強調・限定する。

副詞を現代語訳させる設問は記述問題で頻出するが、択一問題ではこの「**陳述の副詞**」に関係する設問が多い。以下、代表的なものを紹介しておく。

◎陳述の副詞（慣用句的用法）

現代語	陳述の副詞とその慣用句的用法
…できない（不可能）	え…打消
まさか…まい	よも…じ（「じ」は打消推量の助動詞「じ」の終止形）
あまり…ない	いと…打消
決して…ない（打消） 決して…するな（禁止）	かまへて…打消／禁止、ゆめ（ゆめ）…打消／禁止 よに…打消／禁止、あなかしこ…打消／禁止 さらに…打消／禁止＊
全く（全然）…ない	さらに…打消＊、たえて…打消、すべて…打消、つゆ…打消
どうして…だろうか、いや…ない（反語）	まさに…むや、あに…むや
何とかして…したい	いかで（か）…希望／意志

＊「さらに…打消」は、これまで択一問題で出題されたもののほとんどは「全く…ない」と訳されている。

A さらにえ会ふこともなくて月ごろになりぬ

① その上、会うこともできなくて、月も半ばになってしまった
② ほとんど出会う機会もなく、一ヶ月が経過してしまった
③ まったく出会うことができないままに、何ヶ月もたってしまった
④ その上、探しにでかけることもできなくなって、何ヶ月もたった
⑤ まったく何のてがかりもなく、一ヶ月が経過してしまった

B よも一つも候はじ

① ほかには一つもございません
② すでに一つもございません
③ やはり一つもございませんでしょう
④ この世には一つもございますまい
⑤ まさか一つもございますまい

解答・解説

A——③

ポイント解説 さらに／え／会ふことも／なく／て／月ごろに／なりぬ

月ごろ（名） 数か月来、ここ数か月の間

なりぬ《自四「なる」の連用形＋完了の助動「ぬ」の終止形》

陳述の副詞「さらに」と「え」さえわかっていれば解ける問題。「さらに…打消」（全く［全然］…ない）と「え…打消」（…できない）の組み合わせだから、両方合わせると「全く…できない」という訳になり、正解は③。

B——⑤

ポイント解説 よも／一つも／候は／じ

「よも…じ」は「まさか…まい」と訳されるので、正解は⑤。

（A：東京女子大〈文理〉平成15年、B：センター平成12年国Ⅰ追試）

古典よもやま

現在われわれは太陽暦を使って生活しているが、これは明治五年（一八七二年）に改暦された暦で、江戸時代まで日本人は太陰太陽暦（旧暦）を使って生活していた。『源氏物語』「若紫」の一節を紹介する。

弥生のつごもりなれば、京の花ざかりは皆過ぎにけり。山の桜はまだ盛りにて…

【訳】3月の末なので京の桜の最盛期は皆過ぎてしまった。山桜はまだ最盛期で…

3月末に山桜が最盛期という一節に疑問を覚えた読者もおられるかもしれない。しかし旧暦は現在より約1か月遅れるので、「弥生」は現在の4月となる。4月末は山桜の最盛期なので、この記述は正しい。

古典の学習では暦の知識が必要不可欠である。

C　いとしもなけれども

①　良くも悪くもないのに
②　とても下手なのに
③　好んでもないのに
④　たいして良くもないのに

D　ゆめいぬな

①　ここからすぐ立戻るという法はない
②　そんなに先を急いではいけない
③　決して外へ出てはいけない
④　のんびり夢など見ていてはいけない
⑤　決して寝こんではいけない

解答・解説

C――④

ポイント解説 いと／しも／なけれ／ども

しも（副助） 強調

まず強調の副助詞「しも」は外して考える。「いと…打消」の文意は「あまり…ない」なので、④しかない。②は「いと」を「とても」と訳しているが、これは下に打消の語がない場合の「いと」の訳であり、間違い。

D――⑤

ポイント解説 ゆめ／いぬ／な

「ゆめ…禁止」は「決して…するな」なので、③か⑤に絞られる。「いぬ」は「往ぬ／去ぬ」か「寝ぬ」の両方の可能性があるが、前者なら訳は「去るな」とか「死ぬな」でなければならない（そのような訳は選択肢にない）から、ここは「寝ぬ」で、正解は⑤。

（C：上智大〈外・法-地環〉平成15年、D：青山学院大〈経済〉昭和57年）

E まさに人の思ひ咎《とが》めじや

① 確実に人が疑って咎めることはないのだろうか
② 今すぐに人が疑って咎めることはないのだろうか
③ きっと人が疑って咎めることはありえないだろうよ
④ さしあたって人が疑って咎めることはありうるだろうよ
⑤ まさか人が疑って咎めることがあるだろうか、ないに違いない
⑥ どうして人が疑って咎めることがないだろうか、あるに違いない

F いかでこの手習はむ

① のちのちのためにこの手法を習っておこう
② どうやってこの演奏を習ったらよいだろうか
③ どうしてこの技法を習わずにすませられようか
④ 何とかしてこの奏法を習いたいものだ
⑤ もしかしたらこの楽曲を習えるかもしれない

解答・解説

E――⑥

ポイント解説　まさに／人の／思ひ咎め／じ／や

じ《打消推量の助動「じ」の終止形》

「まさに…や」は反語で、訳は「どうして…か、いや…ない」。ただし、ここでは打消推量の「じ」が入っているので結論は逆になり、「どうして…ないだろうか、いや…に違いない」という訳になる。したがって正解は⑥。

①②は単なる疑問の訳。⑤は反語の形になってはいるが、結論が逆なので間違い。

F――④

ポイント解説　いかで／この手／習は／む

手（名）　筆跡、演奏法、曲、腕前

「いかで」は疑問（どうして）、反語（どうして…か、いや…ない）、願望（何とかして…したい）のいずれかなので、まず③か④に絞られる。

③は、「すませられようか」に該当する語が原文にはない。したがって正解は④。

助動詞「む」は希望の意味と捉えることができ、「いかで（か）…希望」（何とかして…したい）となる。

（E：國學院大〈神・経・法〉平成17年、F：青山学院大〈文〉平成4年）

4 《助動詞》編

最後に、基礎文法のうちで最もやっかいな助動詞を攻略しよう。

助動詞は、付属語（単独で文節を構成できない）だが助詞とちがって活用があり、主として用言（動詞、形容詞、形容動詞）に付き、種々の意味を付け加えるものである。全部で28個あり、多様な意味を持つものも多いので、以下ではまず「意味」「接続」「活用」の3つの面から整理分類してみよう。

意味で分類すると…

【受身・自発・尊敬・可能】　る・らる
【使役・尊敬】　す・さす・しむ
【過去】　き・けり
【完了・強意】　つ・ぬ

【完了・存続】たり・り
【断定】なり・たり
【希望】たし・まほし
【打消】ず・じ・まじ
【推量】む・べし・らむ・けむ・むず・めり・なり・まし・らし
【比況・例示】ごとし

接続で分類すると…

【未然形に接続】（11個）る・らる・す・さす・しむ・む・むず・ず・じ・まし・まほし ★注1
【連用形に接続】（7個）き・けり・つ・ぬ・たり・けむ・たし ★注2
【終止形、ラ変型活用語連体形に接続】（6個）べし・まじ・らし・らむ・めり・なり
【体言に接続】（2個）なり・たり
【サ変未然形、四段已然形・命令形に接続】（1個）り ★注3
【連体形、助詞に接続】（1個）ごとし

★注1　「る」「す」は四段・ラ変・ナ変動詞の未然形に、「らる」「さす」はそれ以外の動詞の未然形に接続する。
★注2　「き」はカ変・サ変動詞に付く場合は未然形にも接続する。
★注3　四段活用動詞は已然形と命令形が同じなので、「り」については「サミシイ」（サ《サ》変は未《ミ》然形、四《シ》段は已《イ》然形）と

覚えるのがよい。

活用で分類すると…

【四段】（3個）**む・けむ・らむ**
【下二段】（6個）**る・らる・す・さす・しむ・つ**
【サ変】（1個）**むず**
【ラ変】（5個）**り・けり・たり**（完了）**・めり・なり**（伝聞）
【形容動詞】（2個）**なり**（断定）**・たり**（断定）
【形容詞】（5個）**べし・まじ・たし・まほし・ごとし**
【ナ変】（1個）**ぬ**
【特殊】（3個）**ず・き・まし**
【活用なし】（2個）**じ・らし**

✍ このように活用で9種に分類できるが、下二段とサ変、ラ変と形容動詞は活用がほとんど同じなので、実際はほぼ7種を覚えればよい。

次ページは「助動詞活用表」である。◯はその形がないことを意味する。したがって無視してかまわない。

活用表

助動詞	意味	接続	未然	連用	終止	連体	已然	命令
る	受身　自発 尊敬　可能	未然(四・ナ・ラ)	れ	れ	る	るる	るれ	れよ
らる		未然(右以外)	られ	られ	らる	らるる	らるれ	られよ
す	使役　尊敬	未然(四・ナ・ラ)	せ	せ	す	する	すれ	せよ
さす		未然(右以外)	させ	させ	さす	さする	さすれ	させよ
しむ		未然	しめ	しめ	しむ	しむる	しむれ	しめよ
む	推量　意志　希望 適当　勧誘　命令 可能　仮定　婉曲	未然	(ま)	○	む	む	め	○
むず ※主に推量・意志		未然	○	○	むず	むずる	むずれ	○
ず	打消	未然	ず ざら	ず ざり	ず	ぬ ざる	ね ざれ	ざれ
じ ※「む」の打消	打消推量　打消意志	未然	○	○	じ	じ	じ	○
まし	反実仮想　悔恨的希望 ためらいの意志　推量	未然	ましか ませ	○	まし	まし	ましか	○
まほし	希望	未然	まほしく まほしから	まほしく まほしかり	まほし	まほしき まほしかる	まほしけれ	○
き	過去	連用(サ・カは未)	(せ)	○	き	し	しか	○
けり	過去　詠嘆	連用	けら	○	けり	ける	けれ	○

助動詞

つ	完了　強意・確述	連用	て	て	つ	つる	つれ	てよ
ぬ		連用	な	に	ぬ	ぬる	ぬれ	ね
たり	完了　存続	連用	たら	たり	たり	たる	たれ	たれ
けむ	過去推量　過去の原因推量　過去の伝聞・婉曲	連用	○	○	けむ	けむ	けめ	○
たし	希望	連用	たく たから	たく たかり	たし	たき たかる	たけれ	○
べし	推量　意志　予定　適当　命令　可能　当然　義務	終止(ラ変型連体)	べく べから	べく べかり	べし	べき べかる	べけれ	○
まじ ※「べし」の打消	打消推量　打消意志　打消当然　不必要　禁止	同右	まじく まじから	まじく まじかり	まじ	まじき まじかる	まじけれ	○
らし	推定	同右	○	○	らし	らし	らし	○
らむ	現在推量　現在の原因推量　現在の伝聞・婉曲	同右	○	○	らむ	らむ	らめ	○
めり	婉曲	同右	○	めり	めり	める	めれ	○
なり	伝聞　推定	同右	○	なり	なり	なる	なれ	○
なり	断定　存在	体言、連体 副詞、助詞	なら	なり に	なり	なる	なれ	なれ
たり	断定	体言	たら	たり と	たり	たる	たれ	たれ
り	完了　存続	サ未、四已・命	ら	り	り	る	れ	れ
ごとし	比況　例示　同等	連体、助詞	ごとく	ごとく	ごとし	ごとき	○	○

助動詞の意味

以下、それぞれの助動詞の意味を解説していこう（類似しているものはまとめ、A〜Iのグループに分けてある）。

A

る／らる（下二段活用／未然形に接続）

❶受身（…される）　❷自発（自然に…される）　❸尊敬（…なさる）
❹可能（…できる）【中古ではふつう下に打消語を伴って「…できない」の意となる】

尊敬の場合、「る」「らる」ともに単独で使われ、下に尊敬の補助動詞は付かない。尊敬の補助動詞が付いて「…（ら）れ給ふ」となっている場合は、「る」「らる」は受身か自発の意味である。

自発の場合は、知覚や心情を表す動詞に付くことが多い。

B

す／さす／しむ（下二段活用／未然形に接続）

❶使役（…させる）　❷尊敬（…なさる）

尊敬の場合は「…（さ）せ給ふ」「…（さ）せおはす」のように、尊敬の補助動詞を下に伴って現れ、最高敬語を構成する。ただしすべてが最高敬語ではなく、「…させなさる」と訳す場合もあり、文脈によって判断する必要がある。単独で使用されるときは使役。

C

き（特殊活用／連用形に接続）

❶過去（…した）

けり（ラ変活用／連用形に接続）

❶過去（…した）❷詠嘆（…したなあ）

D

つ（下二段活用／連用形に接続）

ぬ（ナ変活用／連用形に接続）

❶完了（…した、…してしまった）

❷強意・確述（きっと…、確かに…、必ず…、間違いなく…、…してしまう）

☞「ぬ」は「完了か打消か」を識別する問題が頻出。

☞完了＋推量の複合助動詞「なむ」「てむ」「ぬべし」「つべし」は頻出（⬇145ページ以下）。

たり（ラ変活用／連用形に接続）

り（ラ変活用／サ変未然形、四段已然形・命令形に接続）

❶完了（…した、…してしまった）❷存続（…している）

E

たり（形容動詞タリ活用／体言に接続）

❶断定【地位・官職などの資格を表す体言に付いて】（…である）

☞「たり」は「完了か断定か」を識別する問題があるが、付いている語の品詞を見れば識別は容易。

なり（形容動詞ナリ活用／体言、副詞、助詞、連体形に接続）

❶断定（…［の］である）❷存在（…にある、…にいる）

☞断定の助動詞「なり」は、格助詞「に」＋ラ変動詞「あり」＝「にあり」から転じたものであると言われている。

たとえば「平安の都は京都なり」という文は、「平安の都は京都にあり」と言い換えることができる。そして「京都にあり」は、「京都である（断定）」と「京都にある（存在）」の二通りの意味にとることができる。文法的には、断定の場合は「にあり」＝助動詞「なり」の連用形「に」＋ラ変補助動詞「あり」で、存在の場合は「にあり」＝格助詞「に」＋ラ変動詞「あり」、ということになる。

この断定の「に」を識別させる問題もしばしば出される。「…にあり」「…にて」が「…である」「…であって」と訳せれば、「に」は断定の助動詞「なり」の連用形である。

F

まほし（形容詞活用／未然形に接続）

たし（形容詞活用／連用形に接続）

❶自己の希望（…したい）　❷他への希望（…してほしい）

※「まほし」より口語的・俗語的。

G

ず（特殊活用／未然形に接続）

❶打消（…しない）

H

ごとし（形容詞活用／連体形、助詞に接続）

❶比況（まるで…のようだ）　❷例示（たとえば…のようだ）　❸同等（…と同じだ）

I

む（四段活用／未然形に接続）

❶推量（…するだろう）　❷意志（…しよう）　❸希望（…したい）　❹適当（…するのがよい）

❺勧誘（…したらどうだ）　❻命令（…しなさい）　❼仮定（…としたら）

❽婉曲（…ような）　❾可能推量（…できるだろう）

じ（活用しない／未然形に接続）　※「**む**」の打消。
❶打消推量（…しないだろう）　❷打消意志（…するまい）
べし（形容詞活用／終止形、ラ変型の連体形に接続）
❶推量（…するにちがいない、…するだろう）　❷意志（…しよう）　❸予定（…する予定である）
❹適当（…するのがよい）　❺命令（…せよ）　❻可能（…できる、…できそうだ）
❼当然（…するはずだ）　❽義務（…しなければならない）
まじ（形容詞活用／終止形、ラ変型の連体形に接続）　※「**べし**」の打消。
❶打消推量（…しないだろう）　❷打消意志（…しないつもりだ）
❸打消当然（…するはずはない）　❹不可能の予測（…できそうにない）
❺不必要（…する必要はない）　❻禁止（…してはいけない）
らむ（四段活用／終止形、ラ変型の連体形に接続）
❶現在推量（今ごろは…しているだろう）
❷現在の原因推量（[どうして]…[している]のだろう）
❸現在の伝聞・婉曲（…とかいう、…のような）
けむ（四段活用／連用形に接続）
❶過去推量（…しただろう）　❷過去の原因推量（…したのだろう）

❸過去の伝聞・婉曲（…したとかいう、…したような）

むず（サ変活用／未然形に接続）　**※「むとす」が転じたもので、「む」の意味を強調したいときに使われる。**

❶推量（…するだろう）　❷意志（…するつもりだ）　❸仮想・婉曲（…ような）

❹適当（…するのがよい）　**※❸❹は中世以後の用法。**

らし（活用しない／終止形、ラ変型の連体形に接続）

❶推定（…らしい、…ようだ）

まし（特殊活用／未然形に接続）

❶反実仮想（もし…したら〜だろう）　❷悔恨的希望（…ならよかったのに）

❸【疑問語を伴って】ためらいの意志（…しようか）

なり（ラ変活用／終止形、ラ変型の連体形に接続）　**※聴覚からの情報を根拠とする。**

❶伝聞（…だそうだ）　❷推定（…ようだ、…らしい）　❹推量（…だろう）

めり（ラ変活用／終止形、ラ変型の連体形に接続）　**※視覚からの情報を根拠とする。**

❶婉曲（…ようだ、…ように見える、…らしい）

助動詞の活用と識別

助動詞は、実際の文章のなかでは基本的には上に用言（動詞・形容詞・形容動詞）が、下に助詞が付くことになる。

たとえば、「言ふ」という動詞と主要な助動詞の組み合わせをみてみよう。
「言ふ」は四段活用なので、
言は（未然形）、**言ひ**（連用形）、**言ふ**（終止・連体形）、**言へ**（已然・命令形）
と活用する。
これに助動詞を付けてみよう。
●打消の**ず**…言はず（言わない）
●過去の**けり**…言ひけり（言った）
●推量の**べし**…言ふべし（言うだろう）
●存続の**り**…言へり（言っている）
このように、下に付く助動詞によって動詞「言ふ」は形を変える。
さらに、これに逆接の接続助詞「ど」を付けてみよう。
●言はざれど（言わないが）
●言ひけれど（言ったが）
●言ふべけれど（言うだろうが）
●言へれど（言っているが）
今度は助動詞も、下に来る助詞によって活用し、形が変わった。これが文章を複雑にするわけだ。前に「助動詞こそ古文で最もやっかいな品詞」と述べた理由はここにある。

繰り返すが、古文の正確な読解とは、このように助動詞などによって複雑化した文章をていねいに品詞分解し、活用語を終止形にもどして意味を読みとったうえで、分解した語を再び繋ぎ合わせて訳していくことにほかならない。この作業に習熟すれば、やがて古典をすらすら読んでいけるようになる。つまり古文においては、**助動詞の知識・用法に習熟することが読解力の鍵**となるのである。古典を本格的に現代語訳しようと思えば、この「品詞分解➡終止形➡繋げて訳す」という分析的な読み方および助動詞の解読を徹底的にマスターする必要がある。

ただ、本書で実践する択一クイズを解くのに、助動詞の完全マスターは必ずしも必要ない。択一正解の最大のポイントは、**識別を要する助動詞**を押さえておくことである。

一例を挙げよう。「言は**ぬ**」と「言ひ**ぬ**」の「ぬ」は、それぞれ何の助動詞だろうか。

助動詞の「ぬ」が出てきた場合、次の二つの可能性がある。

●打消の「ず」の連体形

●完了の「ぬ」の終止形

この二つを識別するには、助動詞の上にある動詞の活用形が何なのかを見きわめなければならない。「言はぬ」は未然形、「言ひぬ」は連用形である。ここで先の活用表で「用言への接続」の欄を確認する。**未然形に接続する「ぬ」は打消の「ず」の連体形、連用形に接続する「ぬ」は完了の「ぬ」の終止形**である。したがって「言はぬ」は「言わない（こと）」、「言ひぬ」は「言ってしまった」と訳されることになる。

このように識別が必要な助動詞はほかにもある。いくつか挙げると、

●**なり**……❶断定　❷伝聞

●**らむ**……❶現在推量　❷完了・存続の「り」の未然形＋推量の「む」

●**る**……❶受身・自発・尊敬・可能の「る」の終止形　❷完了・存続の「り」の連体形などがある。

さらに、助動詞以外の品詞も含む識別には次のようなものが挙げられる。

●**に**……❶断定の「なり」の連用形　❷格助詞　❸接続助詞　❹形容動詞の活用語尾　❺完了の「ぬ」の連用形

●**なむ**……❶係助詞　❷終助詞　❸完了の「ぬ」の未然形＋推量の「む」　❹ナ変動詞（死ぬ・往ぬ［去ぬ］）の未然形活用語尾＋推量の「む」

複合助動詞

つづいて複合助動詞の役割と用法を紹介しておく。

複合助動詞とは、二つの助動詞がくっついて慣用句的表現を構成するものである。数が非常に多いので、ここではとくに頻出するものを選んで、意味別に解説しておこう。

◎完了＋過去

てき（完了「つ」の連用形＋過去「き」）

てけり（完了「つ」の連用形＋過去「けり」）

にき（完了「ぬ」の連用形＋過去「き」）

にけり（完了「ぬ」の連用形＋過去「けり」）

たりき（完了「たり」の連用形＋過去「き」）

たりけり（完了「たり」の連用形＋過去「けり」）

りき（完了「り」の連用形＋過去「き」）

りけり（完了「り」の連用形＋過去「けり」）

【訳】…してしまった、…した

◎完了・強意＋推量 etc.（1）

てむ（完了・強意「つ」の未然形＋推量「む」）

なむ（完了・強意「ぬ」の未然形＋推量「む」）

【訳】❶きっと…だろう、…してしまうだろう（推量）❷…してしまおう（意志）❸…のがきっとよい（適当）❹きっと…できるだろう（可能推量）❺【下に係助詞「や」を伴って】…してくれないか、…したらどうか（勧誘）

つべし（完了・強意「つ」の終止形＋推量「べし」）
ぬべし（完了・強意「ぬ」の終止形＋推量「べし」）
【訳】 ❶きっと…にちがいない、…してしまいそうだ（推量）
❷きっと…することができそうだ（可能）
❸きっと…しよう（意志）
❹…してしまわなければならない（当然・義務）

◎完了・強意＋推量 etc.（2）
てまし（完了・強意「つ」の未然形＋推量「まし」）
なまし（完了・強意「ぬ」の未然形＋推量「まし」）
【訳】 ❶きっと…（した）だろう（に）（推量）
❷【上に疑問語を伴って】…してしまおうか（ためらいの意志）

◎断定＋婉曲（視覚推量）
なるめり（断定「なり」の連体形＋婉曲「めり」）
【訳】 …であるようだ、…であるように見える

※撥音便形「なんめり」「なめり」という形になることが多い。

◎断定＋伝聞・推定（聴覚推量）

なるなり（断定「なり」の連体形＋伝聞・推定「なり」）

【訳】❶…であるそうだ（伝聞）❷…であるようだ、…であるらしい（推定）

※撥音便形「なんなり」「ななり」という形になることが多い。

◎過去＋推定

けらし（過去「けり」の連体形＋推定「らし」）

【訳】…たらしい、…たようだ

※「けるらし」の「る」が脱落したという説がある。

A 例のなみだもとどめられず

① いつものように、涙もおとどめになられない
② いつもと同様、涙もとどめ得ない
③ いつもよく流す涙もおとどめさせならぬ
④ おのずといつもの涙もとどめられぬ

B かくこそ思ひ立つべかりけれ

① このように思い立つのがよい
② このように思い立たないのがよい
③ このように思い立つのがよかろう
④ このように思い立つのがよかった

解答・解説

A――②

ポイント解説　例の／なみだも／とどめ／られ／ず

例の（連語）
❶【体言に付いて】いつもの、あの
❷【用言に付いて】いつものように

ここは「られず」の訳がポイントになる。

まず選択肢を整理しよう。助動詞「らる」を尊敬にとっているのは①と③、可能にとっているのは②と④だ。

つづいてすぐわかる間違いをさがして消していこう。

③は「おとどめさせ」とあるが、原文に使役を表す語はないので間違い。

④は「おのずと」に該当する語が原文にないので、これも外れる。

残るは①か②だが、**「る」「らる」は、後に打消の語が付いている場合、可能の文意であることが多い**。したがって正解は②。

「例の」は、ここでは❷の用法で「とどめられず」にかかっており、「いつもと同様（に）」の意となる。この**「例の」**は入試頻出の重要単語なので覚えておこう。

B――④

ポイント解説　かく／こそ／思ひ立つ／べかり／けれ

かく（副）　このように
思ひ立つ（他四）　決心する

すべての選択肢が「べし」を「…のがよい」という適当の文意で訳しているので、この問題のポイントは「べし」ではなく文末の「けり」だ。「けり」は過去か詠嘆だが、詠嘆に訳しているものはないから過去ということになる。①②③は現在を表しており、正解は④以外にない。

（A：上智大〈外〉昭和53年、B：國學院大〈文〉昭和53年）

C たやすく人に超越せしむべからず

① 他の人を次々に追い越させて高い地位につけてあげなければならない
② みだりに他人に地位を追い越させるようなことがあってはならない
③ むやみに他の凡庸な人と能力を比較するというのも失礼なことだ
④ やすやすと高い地位につけ優遇するのは本人のためにならない
⑤ すんなりと他人に出し抜かれることに甘んずる人物ではない

D かれはこのことにたへたり

① あの者はこのことにふさわしくない
② あの者はこのことにたけている
③ あの者はこのことに耐えられる
④ あの者はこのことに熱心だ

解答・解説

C──②

ポイント解説 たやすく／人に／超越せ／しむ／べからず

たやすく《形「たやすし」の連用形》 ❶やさしい、容易だ ❷軽々しい、軽率だ

べからず《連語：「べし」の未然形＋打消の「ず」》 ❶…してはいけない（不適当・禁止） ❷…はずがない（当然の打消） ❸…つもりはない（意志の打消） ❹…できない（不可能）

選択肢の文章が長いので混乱するかもしれないが、こんな時は標的を定めて、そこだけを見る。

ここではまず原文の「しむ」である。**「しむ」は単独で使われている場合は使役**の文意なので、訳は「…させる」となる。すると①②が残る。

次に「超越せしむ（追い越させる）＋べからず」の訳を見よう。

①「高い地位につけて」は不要な語。

「追い越させるようなことがあってはならない」と、「べからず」の禁止の文意を正しく訳している②が正解。

D──②

ポイント解説 かれは／このことに／たへ／たり

かれ（代名） ❶あの人 ❷あれ

たへ《自下二「たふ」の連用形》 ❶我慢する ❷優れる、秀でる ❸もちこたえる

ここでの標的は「たり」だ。

助動詞「たり」には、❶断定、❷完了・存続の二つの可能性がある。識別の着眼点として、**上に体言が来れば断定、上に動詞が来れば完了・存続**と覚えておこう。

ここは動詞「たふ」に付いているので、完了・存続となる。「たけている」と存続の文意で訳している②が正解。

（C：早稲田大〈人科〉平成13年、D：早稲田大〈人科〉平成14年）

E　ひとりおもむくことなり

① 真心へ行き着くのだ
② ひとりだけ会得できる
③ 自分だけが第一人者となる
④ 自然と成功するものなのである

F　さらにうきたる事にあらず

① まったく不可解な話である
② けっして不確かな作り話ではない
③ 結局それだけのことでしかなかった
④ その上さまざまな不思議が起こった
⑤ これほど尊い話は聞いたことがない

解答・解説

E——④

ポイント解説 ひとり／おもむく／こと／なり

ひとり〈副〉❶一つだけ ❷自然に

おもむく《自四「おもむく」の連体形》❶（人や物事が）ある方向に向く、向かう ❷志す

ここでの標的は、断定の「なり」だ。断定の訳は「…のである」「…のだ」となるので、まず①か④に絞られる。

次に「なり」の上には体言「こと」があるので、訳は「…ことである」でなくてはならず、④が正解。

ちなみに、①「行き着くのだ」であるなら古文は「おもむくなり」でなければおかしい。

F——②

ポイント解説 さらに／うき／たる／事／にあら／ず

さらに〈副〉❶新たに ❷その上 ❸【下に打消の語を伴って】全く…ない、決して…ない

う〈浮〉**き**《自四「うく」の連用形》不安定で落ち着かない、いい加減だ

ポイントは「にあらず」。体言に付いた「にあり」は前述の通り（⬇139～140ページ）、❶「…にある」〈存在〉か、❷「…である」〈断定〉の二通りの可能性があるが、選択肢には存在で訳しているものがないので、ここは断定。

そして打消の「ず」を反映し「ではない」と訳している②が正解。「にあらず」さえわかれば他の語の意味がわからなくても解ける問題だ。

（E：上智大〈文〉平成13年、F：青山学院大〈経済〉平成20年）

G 山里なるところにありし折

① わたしたちの屋敷が山中の村里にあった時期
② わたしたちが山中の村里にある屋敷にいた時
③ ここが「山里」とひとの呼ぶところであった頃
④ 人里離れたところで朝顔がしおれたままになっていて
⑤ 人里離れたところで悲しみにおしひしがれたようになって暮していて

H 疾《と》くこそ出《い》づなれ

① 早く退出せよ
② 早く退出するのである
③ 早く退出するものだそうだ
④ 早く退出するべきなのである

解答・解説

G――②

ポイント解説　山里／なる／ところに／あり／し／折

山里（名）　山間にある人里、村落

ポイントは助動詞「なり」。

問題Fと同様、〝体言に付いた助動詞「なり」〟が断定か存在かを識別することがポイントだ。「山里なるところ」は、「山里である（断定）ところ」か「山里にある（存在）ところ」のいずれかなのだから、まず①②に絞られる。

①の「山中の村里にあった時期」は、古語にすれば「山里なりし折」となり、「なるところに」を「に」を訳せていない。「なるところに」を「ある屋敷に」（屋敷は意訳）と訳した②が正解。つまりこの「なり」は存在の文意である。

H――③

ポイント解説　疾く／こそ／出づ／なれ

疾く《形「疾し」の連用形》　❶時期が早い　❷速度が速い、速く激しい

出づ《自・他下二「出づ」の終止形》　出る、出す

係助詞「こそ」に呼応して文末の助動詞「なり」は已然形となっている。

ここでも「なり」の識別がポイントとなる。確認すると、「なり」は、体言・連体形に付く時は断定か存在、動詞の終止形（ラ変の場合は連体形）に付く時は伝聞・推定であった。

動詞「出づ」の活用は出で（未然）、出で（連用）、出づ（終止）、出づる（連体）、出づれ（已然）、出でよ（命令）。原文の「出づ」は終止形。したがってこの「なり」は伝聞・推定ということになり、「…だそうだ」と訳している③が正解。

（G：東京女子大〈現代文化〉平成6年、H：上智大〈法〉平成15年）

I 御覧じ知るなめり

① ようやく私の姿をお認めになられたらしい
② 御目も弱ってよくお見えにならないようだ
③ 御体が弱ってよく事情がおわかりにならないのに
④ こちらの気持ちをよく見知っておられるようだ
⑤ とうに御事情がのみこめておられるはずなのに

J （年積もるまであらましかば、）動かしなましに

① 怒らせてしまいましたために
② きっと感動させただろうのに
③ 歌を詠む気にさせたかったのに
④ 追い払ってしまえばよかったのに
⑤ 思いのままにあやつったとしても

✎ 解答・解説

I ―― ④

ポイント解説 御覧じ／知る／な／めり

💡**御覧じ《他サ変「御覧ず」の連用形》【「見る」の尊敬語】** 御覧になる（御覧じ知る⬇見知っている）

☞ ポイントは「なめり」。

複合助動詞「なめり」は、断定の「なり」＋婉曲の「めり」⬇「なるめり」の撥音便形である。訳は「…であるようだ」なので、②④が残る（①は「お認めになられた」と過去になっているので間違い）。

②は、打消＋婉曲になっているので間違い。よって正解は④。

ただし、④の訳は不正確だ。「見知っておられるようだ」を分解して古文にすると、「見知っておられる／ようだ」⬇「御覧じ知る／めり」となり、断定の「なり」の訳が落ちている。より正確な訳は「見知っておられるのであるようだ」。

J ―― ②

ポイント解説 （年積もるまで／あら／ましかば、）動かし／な／まし／に

💡**年積もる《自ラ変「年積もる」の連体形》** 年を重ねる、年をとる

💡**あら《自ラ変「あり」の未然形》** ❶いる ❷生きている ❸生活する

💡**動かし《他四「動かす」の連用形》** 感動させる

💡**に（接助）** ❶…のに ❷…ので ❸…と

☞ **反実仮想「…ましかば、～まし」**の構文。訳は「もし…であったら、～であっただろう（に）」となる。

複合助動詞「なまし」は、❶きっと…（た）だろう（に）、…してしまっただろう（に）、もしくは上に疑問語があれば❷…してしまおうか、と訳される。これを正確に訳しているのは②のみ。

ちなみに（　）内を直訳すると「年を重ねるまで生きたならば」となる。

（I：明治大〈商〉平成4年、J：國學院大〈文・法・経〉平成17年）

K やすらはで寝なましものを

① ためらわずに寝てしまえばよかったのに
② もし、ゆっくりと二人で寝られたならば
③ ぐっすりと寝ることもできなかったのに
④ 心配しないで寝ることができるのならば

L いかにせましとただよひ侍りしに

① なんと狭いものよと、困っておりました時に
② どうしたらよいものかと、迷っておりました時に
③ どうしてこんなに狭いのかと、不審に思っておりました時に
④ どうにも仕方がないと、あきらめておりました時に
⑤ 狭くともなんとかなるだろうと、一休みしておりました時に

解答・解説

K——①

ポイント解説 やすらは／で／寝／な／まし／ものを

やすらは《自四「やすらふ」の未然形》❶ためらう　❷立ち止まる　❸とどまる　❹休む

ポイントは「なまし」で、「きっと…(た)だろう(に)」の文意となるが、そもそも②③④は可能の文意になっており、助動詞「まし」と全く合致しない。「まし」の意味を押さえていれば即答できる問題だ。

ただし、①の訳は不正確。正しくは「ためらわずに寝てしまっただろうのに」である。

Kの出典である歌を掲げておこう。

『百人一首』五九番　赤染衛門《あかぞめえもん》

やすらはで　寝**なまし**ものを　小夜更《さよふ》けて　かたぶくまでの　月を見しかな

【訳】(あなたが来ないとわかっていたならば)ためらわないで　寝てしまっただろうのに　夜が更けて　(西の空に)傾くまでの　月を見たことですよ

L——②

ポイント解説 いかに／せ／まし／と／ただよひ／侍り／し／に

いかに〈副〉❶どのように　❷どうして　❸どれほど　❹【感動】なんとまあ

ただよひ《自四「ただよふ」の連用形》❶漂う　❷迷い歩く、さまよう　❸不安定で落ち着かない

ポイントは助動詞「まし」。

引用の格助詞「と」があるので、「いかにせまし」で一文である。

文頭の「いかに」を疑問の副詞と考えると、疑問語を伴う助動詞「まし」は「ためらいの意志」に訳す場合が多いので、「いかに＋せ＋まし」は「どうしようか」という訳になる。したがって正解は②。

①③⑤は「せまし」を「狭い」と訳しているが、「狭い」の古語は「せばし」である。

「いかにせむ」は頻出慣用句。訳は❶どうしようか、❷仕方がない。

(K：早稲田大〈商〉平成17年、L：センター昭和62年追試)

M あるがままをいはむには

① あるがままをいうためには
② あるがままをいわなければ
③ あるがままをいうのだとすれば
④ あるがままをいうに際しては

N 少しもよからむ人のまねをし侍らばや

① 少しでもよいと思われるような人のまねをしたいものです
② 少しはすばらしいと思われる人のまねができるでしょうか
③ 少しもよいと思わない人のまねなどするでしょうか
④ 少しであってもすばらしい人のまねができないものかなあ

解答・解説

M——③

ポイント解説 **あるがままを／いは／む／に／は**

には《格助「に」＋係助「は」》

ポイントは助動詞「む」の訳である。

「む」には様々な意味があるが、参考までに2つの辞書から注目点を挙げておこう。

★「む」の後に**体言**や**助詞**（助詞がくる場合は便宜的に体言の省略と考えておく）があれば、「む」は**仮定か婉曲**の意味となる（小学館『全文全訳古語辞典』より）。

★「む」が仮定・婉曲の意味である場合には、普通「む」の下に体言や「**に・には・は・も・こそ**」などが付く（大修館『古語林』より）。

原文の「む」の下にも、まさに「には」が付いている。したがって仮定の文意を訳している③が正解。

N——①

ポイント解説 **少しも／よから／む／人／の／まねを／し／侍ら／ばや**

前問Mで解説した、「む」の下に体言（人）が来ているケースだ。つまりこの「む」は、仮定（もし…としたら）か婉曲（…ような）の意味である。

すると「よからむ人」は直訳すると、「もしよいならば、そのような人」あるいは「よいような人」である。

選択肢のうち「…ような」と訳しているのは①のみ。

文末の「ばや」から考える手もある。上に丁寧の補助動詞「侍り」の未然形が来ているので、この「ばや」は願望の終助詞だ。

したがって「し侍らばや」を直訳すると「したいです」となり、やはり①しかない。

（M：明治大〈文〉平成12年、N：明治大〈経営〉平成20年）

O いかで雲居《くもゐ》にたちのぼるらむ

① どうしてあなたたちだけ空高く立ちのぼっているのでしょう
② なんとしてもこの私は空高く立ちのぼれません
③ なんとかしてあなたたちのように空高く立ちのぼりたいものです
④ どうやったらこの私も空高く立ちのぼれるでしょう

P いかがしけむ

① どうしたのだろうか
② どうしたらよいのだろうか
③ どうしたらよかったのだろうか
④ どうするのだろうか
⑤ どうするつもりなのだろうか
⑥ どうするつもりだったのだろうか

解答・解説

O――①

ポイント解説 いかで／雲居に／たちのぼる／らむ

いかで（副）❶【疑問】どうして ❷【反語】どうして…か、いや…ない ❸【下に希望・意志の助動詞か願望の終助詞が来て願望を表す】何とかして（…したい）

雲居（名）空、雲、はるか遠方、宮中

ポイントは助動詞「らむ」。

「らむ」の第一義は現在推量で、「今…しているだろう」と訳される。

その他には原因推量「どうして…しているのだろう」、伝聞・婉曲「…とかいう、…のような」がある。

選択肢中、該当するのは現在推量の文意を訳している①だけである。原文にはない可能の文意を加えている②④、願望の文意を加えている③は間違い。

P――①

ポイント解説 いかが／し／けむ

いかが（副）❶【疑問】どのように…か ❷【反語】どうして…か、いや…ない ❸【「いかがあらむ」の省略形】どうだろうか ❹【程度】どれほど

ポイントは過去推量の助動詞「けむ」。ほとんどが「…た（の）だろう」と訳される。

直訳すると「どうしたのだろうか」となり、正解は①。

③⑥も過去に訳してはいるが、それぞれ「よかった」「つもりだった」が原文にない余計な語。

（O：学習院大〈法〉平成17年、P：國學院大〈法〉平成15年）

Q なりぬべかめり

① なってしまいそうに見える
② なってしまうとかいうことだ
③ なってしまうに違いないようだ
④ なってしまってはいけないだろう
⑤ ならないようにしなければいけない

R 落ちぬべきことあまたたびなりける

① 落ちてしまったことが何度もある
② 落ちないらしいと思ったことが何度もある
③ 落ちてしまいそうになったことが何度もある
④ 落ちないのが当然と感じられたことが何度もある

解答・解説

Q――③

ポイント解説 なり／ぬ／べか／めり

べかめり《推量の助動「べし」の連体形＋婉曲の助動「めり」の終止形》「べかるめり」⬇撥音便形「べかんめり」⬇撥音便無表記「べかめり」

「ぬべし」「べかめり」と複合助動詞が二つ出てきてややこしく見えるが、まずは「めり」だけを考える。

「めり」は「…ようだ」「…ように見える」（婉曲）のいずれかなので、①③に絞られる。

次に複合助動詞「ぬべし」（完了・強意＋推量）に注目。その訳は❶「きっと…に違いない、…してしまいそうだ」（推量）、❷「…することができそうだ」（可能）、❸「きっと…しよう、…してしまおう」（意志）、❹「…してしまわなければならない」（当然・義務）であった。

①の「なってしまいそうに」、③の「なってしまうに違いない」の傍線部は、ともに❶の訳に該当している。問題は「めり」であるが、①は「めり」の「…ように」を反映して「なってしまいそうなように」でなければならず、間違い。

R――③

ポイント解説 落ち／ぬ／べき／こと／あまたたび／なり／ける

あまたたび（副） 何度も、たびたび

なりける《自四「なる」の連用形＋過去の助動「けり」の連体形》

ポイントは完了・強意＋推量の複合助動詞「ぬべし」。

「ぬべし」の意味に従って「落ちぬべきこと」を直訳すれば、「落ちてしまいそうなこと」となり、②④がまず外れる。

①は単なる完了に訳されており、「べし」の訳が欠けている。したがって正解は③。

ただし、③「何度もある」は不正確だ。正しくは過去の助動詞「けり」を反映し、かつ副詞を動詞「なる」に続けて、「落ちてしまいそうになったことが何度にもなった（たびたびになった）」と訳すべきである。

（Q：立教大〈経〉平成12年、R：上智大〈外〉平成9年）

S　詠みてむやは

① 詠んでもよいのだろうか
② うまく詠めるのだろうか
③ 詠んだことがあるだろうか
④ 本当に詠みたいのだろうか

T　忘れ給ひなむかし

① お忘れになるなんてね
② お忘れになって欲しいなあ
③ お忘れにならないだろうね
④ お忘れになっただろうなあ
⑤ お忘れになってしまうだろうね

解答・解説

S―②

ポイント解説 詠み／て／む／やは

やは《係助「や」＋係助「は」》 ❶【疑問】…か ❷【反語】…か、いや…ない

ポイントは完了・強意＋推量の複合助動詞「てむ」。

推量の文意は選択肢①〜④すべてに入っているので、消去法ですぐ外せるものがない。全選択肢の「てむ」にあたる部分をていねいに見ていくしかない。

①「詠んでもよいのだろうか」（適当＋推量）、④「詠みたいのだろうか」（希望＋推量）は、「む」が二度出てきてしまうことになるので間違い。③「詠んだことがあるだろうか」は古語に訳せば「詠みしことあらむ」となり、これも間違い。正解は②。

ただし、②の訳も「てむ」の強意の文意が正しく反映されていないので正確とはいえない。正確に訳すなら「きっと（確実に）詠めるだろうか」となる。

T―⑤

ポイント解説 忘れ／給ひ／な／む／かし

給ひ《他四「給ふ」の連用形》【尊敬の補助動詞】お…になる、…なさる

かし（終助）【念押し】…（だ）よ、…ね（**詠嘆「…だなあ」の意味はない**）

ポイントは複合助動詞「なむ」。

「なむ」は**識別問題で頻出する**のでしっかり押さえておこう。可能性は次の3つ。

❶【活用語の未然形に付いて】**終助詞** 他に対する希望（…してほしい）

❷【活用語の連用形に付いて】**複合助動詞** 完了・強意＋推量など

❸【体言や活用語の連体形などに付いて】**係助詞**

原文を見ると「給ひ」が連用形なので、この「なむ」は複合助動詞だ。「お忘れになってしまうだろうね」と完了・強意＋推量の文意を反映している⑤が正解。④の「～ただろう」は過去推量の「けむ」の訳なので間違い。

（S：学習院大〈文〉平成18年、T：國學院大〈文〉平成7年）

古文deクロスワード　解答

い

（↓63ページ）

①い	■	②い	③む
④と	⑤し	■	つ
■	⑥は	⑦づ	き
⑧や	す	し	■

ろ

（↓79ページ）

①さ	②う	な	し
③た	る	■	■
■	④さ	⑤か	⑥し
⑦か	し	づ	く
ち	■	く	■

は

（↓99ページ）

①め	②か	す	■	③え
■	し	■	④よ	に
⑤と	こ	ろ	せ	し
⑥な	し	■	■	■
ふ	■	⑦や	を	ら

に

（↓123ページ）

■	①な	し	■	②の
③は	つ	■	■	の
■	④か	し	⑤ま	し
⑥よ	し	■	⑦ゐ	る
も	■	⑧か	る	■

おわりに

「読解力」ということばがある。

試みに辞書を引くと、「文章を読み、そこに表現された思想を読みとる力」とあり、いわば国語教育の最終目標を表す概念とされる。しかし、「読解力をつける」のはそれほど容易なことではない。特に大学受験の古文で出題される課題文は難度が高く、受験生でなくとも（教師にとっても）内容を完全に理解するのは難しい場合が多い。

それでも、なかにはややこしい古文の文章が大好きで、それに挑戦するのが苦にならないという生徒も少数ながら存在し、周囲からは「あいつはセンスがあるから」と一目置かれる。その他大勢の、自分にはそのセンスがないと考えた生徒たちは、「古文を捨てて」英語や数学の勉強に力を入れる。その結果、「古文嫌い」の若者が次々と生まれることになる。

ことは古文だけにとどまらない。国語教育全般がいまだに「読解力」をつけることを目標にし、教える方法を刷新しないために、センスがないと絶望した結果「国語嫌い」になる生徒がどんどん増えてしまっている。これは何も今に始まったことではなく、私の学生時代も同様であった。私が憂えるのは、「国語嫌い」が「日本嫌い」や日本文化に対する無関心を生んでいるのではないかということである。もしそうであれば、古文・国語教育（とりわけ高校の受験古文・国語教育）を早急に改革する必要がある。

しかし、一国の教育のしくみを一個人の力で変えることなど、とうてい無理である。受験生に古文を教えるなかで私が悩みながらもたどりついたのが、「内容がわからなくても＝課題文が完全に読めなくても得点できる方法」であった。

生徒が「古文を捨てる」のは、得点源にできないからである。ポイントを押さえて勉強することで相応の得点源にできることがわかれば、学習意欲が湧くはずだ。「解ける」体験を積み重ねることで古文がおもしろくなり、やがては「古文嫌い」も解消されるにちがいない。

もちろんこういう考え方に対して、「読めずに解けるはずがない」、「そんな指導法は邪道だ、似非国語教育だ」と反論される教員の方々もおられるだろう。しかし、国語＝日本語への無関心と、そこから必然的に生じる日本文化への無関心を放置してまで、旧来の教え方にこだわることにどれほどの意味や正当性があるのだろうか。学校教育や受験の制度がすぐに変わる可能性がないのであれば、その制度のなかで、生徒たちが学習意欲をもってのぞめるような方法を編み出すことが、教える側のなすべきことではないだろうか。本書を、受験生や古典に関心のある一般読者ばかりでなく、（とくに高校の）教員の方々にも手にとっていただき、「古文の学び方をどう伝えるか」について一考するきっかけにしてもらえればと願っている。

「読解力」は「センスの有無で決まる力」、などと曖昧にとらえていては、「国語嫌い」は解消されない。私は「読解力」を「読む力」と「解く力」に分け、この二つの能力を総合したものが「読解力」であり「国語力」である、という立場をとりたい。本書ではそのうち「古文における解く力」に主眼を置いたわけだが、いうまでもなく「読む力」のほうを軽視しているわけでは全くない。私の主宰する「ニルの学校」では、『源氏物語』の原典やその注釈書を使って、主語決定の方法の指導や和歌鑑賞、文学史の解説など、「読む力」の養成をめざす授業も並行して行っている。

まず「解く力」を養うニルメソッドは、東大受験対策、医学部志望者のセンター対策、私大受験対策などで着実な効果を上げている。本書前半で詳しく述べたように、ニルメソッドは「課題文が読めなくても設問を解くコツをつかみ、設問を解きながら課題文を読解していく」というものである。「読まずに解く」と言ってしまうと誤解が生じるのは承知の上だが、「古文嫌い」を促進してしまっている現行の国語教育に対するいわばアンチテーゼとして、あえてこのような表現を使わせていただいた。

さらに私はこれまでの経験から、現国や漢文にもニルメソッドを応用できるのではないか（そしてそれによって「国語嫌い」を解消できるのではないか）と考えている。これについてはいずれ機会があれば披露したいと思う。

最後に、本書の完成までの経緯をふりかえっておきたい。

当初の脱稿のしめきりは2011年2月末日であった。しかし初めての文法書の執筆ということで予想以上に難儀してしまい、出版社に頼んでしめきりを1か月延ばしてもらった。

気持ちに余裕もできて、順調に書きついでいた矢先、3月11日にあの大地震が起きた。連日の余震、計画停電、福島原発事故への不安、地震・津波・原発事故で被災された多くの方々のご苦労と悲しみに対する思いなどで、私の筆はぱったり止まってしまった。こんなときに古文の学習参考書なんか書いていていいのか、という気持ちが湧いてきた。何もする気になれなかった。

私の書斎の床の間には、禅語の掛け軸がかかっている。書かれていることばは「無事是貴人《ぶじこれきにん》」である。

「平穏無事が一番」という意味ではない。「無事」とは禅語で「迷いを離れ、平常心でいること。本来の自己に立ち返り、ひたすら自己の為すべきことを無心に行うこと」を指し、それができれば「貴人＝まことの禅者」である、という意味である。これまで本を書く時は、毎朝この軸を見て気持ちを強く持つことを心がけてきた。

4月に入っても事態は何も好転しなかったが、習慣のなせる業なのか、掛け軸の教えが背中を押してくれた。「いま自分がしなければならないことを一途にやろう。それしかない」。そう思い立って私は再び机に向かい、震災から2か月経った5月半ば、ようやく脱稿することができた。

今度の震災は、幾多の意味で、私たちにとって「日本」や「日本文化」を再考する契機となっている。古典文法の新しい学び方を提示することは、そのためのよすがともなるはずだと信じている。

「クイズで学ぼう」と表題に掲げるからには、難易とりまぜてもっと大量の問題を掲載すべきところだが、最低限解説しておかなければならない基礎文法事項もそれなりの量があり、紙数の都合であまりクイズを増やせなかった点が若干の心残りである。

本書は、私のこれまでの25年にわたる指導の成果と、生徒からの手応えをもとにまとめた本である。執筆にあたってはできるだけ多くの辞書を参照したが（巻末にその一覧を付した）、思わぬ誤りを犯しているやもしれない。読者諸賢および専門家の皆様からのご叱正を乞う次第である。

なお本書は、「ニルの学校」古典科主任を務める久米真美さんとの全面的な協力態勢のもとで執筆された。択一クイズの問題を過去の入試問題から抽出する面倒な作業はすべて彼女が引き受けてくれた。文法や解法の解説は私が担当したが、解説文を校正・推敲したり、クロスワードパズルを作成してくれたのは彼女である。文法上の文責は私にあるが、本書がこのようにユニークな本に仕上がったのは、ひとえにアイディア豊かで「国語力」に長けた彼女のサポートのおかげである。

二〇一一年晩夏

松本憲和

【文法解説にあたって参照した辞書（優先順）】

①**『角川全訳古語辞典』**角川書店……東大名誉教授の久保田淳先生が編集に携わられている。東大の過去問もこの辞書にあたればかなり訳が載っている。とくに愛用の一冊。
②**『古語林』**大修館書店……記述の仕方など、様々な点で気に入っている。
③**『全訳用例古語辞典』**学研……専門的でなく読みやすい。高校生におすすめ。
④**『古語大辞典』**小学館……一番高価だが、「困ったらこれ」というぐらい詳しい。
⑤**『全文全訳古語辞典』**小学館
⑥**『全訳読解古語辞典』**三省堂
⑦**『全訳古語辞典』**旺文社
⑧**『基本古語辞典』**大修館書店
⑨**『角川最新古語辞典』**角川書店
⑩**『ベネッセ古語辞典』**ベネッセ

＊意味・用法が複雑な語などについては、記述が正確で詳しいとしてもあまりに専門的すぎる場合は、本書の入門書的性質を考慮し、一番平易な解説を採用した。そのため、説明不足の箇所もあることをご容赦願いたい。
＊文法用語が辞書によって異なる場合、筆者の判断で選択している。
＊本書にとりくむさいにも、今後の古文の勉強のさいにも、できれば右に挙げたような優れた辞書を1冊手元に置き、「つまずいたら辞書を引く」ことを習慣づけていただきたい。

塾長からのアドバイス

ニルでは入試過去問の解説をする際，講師は教壇に立つ前に必ず，市販されている解答集を複数並べて解答を検討します。これをしないとひどいミスを犯すことが多いからです。解答集にはじつに間違いが多いのです。ある会社の解答集を見たところ腑に落ちない点があったので，他社の解答集を見てみたらまったく違う答えが載っていてびっくりしたことがあります。調べたところ，前者が手抜きであることは明らかでした。大手有名予備校が出している解答集ですら油断はできません。

なぜ国語ではこうした間違いが多くなるのでしょうか。その原因の一つは，世の中に「国語の解答は一つではない」という認識が根強くあることだと思われます。そのせいで，少々でたらめな解答を作成し，正解と違ってしまっても，「悪問だ」として入試問題作成者に責任を転嫁することができてしまうのです。その結果，国語の入試問題に対する不信感はますます強まり，国語嫌いの高校生がどんどん増えてしまっているわけです。よりよい国語教育の実現のためにはこの悪循環を断ち切らなければならないのですが，解決はなかなか困難です。

市販され，本屋に並んでいるからといって，模範解答集は決して絶対ではありません。一つの解答集だけでよしとせず，必ず複数を見比べるようにしましょう。そうすることで正解も解き方も見えてきます。ただしセンターテストに関しては，文部科学省が正解を発表していますので，むやみに疑う必要はないでしょう。

じつは国語の入試問題は，世の中で言われているほど「悪問」ではありません。おおむね，唯一の解答を導き出せるように作られています。地道な学習で基礎的な力を身につければ必ず解ける問題がほとんどです。こつこつやれば必ず報われると信じてがんばってください。でも，もし自力では難しいと感じたら、迷わずニルの扉をたたいてください。

……………**ニルの学校　塾長　松本憲和**

「ニルのおかげで国語に自信がつきました！」……卒業生の声

- ニルに１年間通ったおかげで，高３の夏休み以降には国語に対する不安がなくなり，得意分野になりました！ニルの勉強法はすごいと思います。**（一橋大・社会／09年度卒）**
- ニルのアットホームな雰囲気と，独自の教え方がとても好きでした。古文の授業を最後にもう一度受けたいです。（日本女子大・人間社会／09年度卒）
- 国語が苦手科目ではなくなりました。センター試験で国語が9割を超えてビックリしました！**（東大・理Ⅲ／09年度卒）**
- ニルの先生方のおかげで，国語が面白いと感じることができました。ニルの授業を受けなかったら古典の問題は解けなかったと思います。ニルで国語力がよみがえりました。**（東大・文Ⅱ／09年度卒）**
- 入試問題を解くテクニックと国語の本質を教えて下さるニルの授業のおかげで国語に対する苦手意識がなくなりました。**（上智大・外国語／09年度卒）**
- 国語が一番苦手で焦り始めた時に，ニルの噂を聞いて入りました。今まで習っていたやり方とは古文も現代文も異なり，古文の文法すら分かっていなかった私にはピッタリでした。これから後輩には絶対ニルを勧めたいです。今まで本当にありがとうございました。（早稲田大・法／07年度卒）
- ニルでみっちりと古典を学べたことが，センター試験での良い結果（満点）につながりました。ありがとうございました。**（筑波大・国際総合／07年度卒）**

松本憲和の著作

『諏訪《すわ》の八重姫《やえひめ》登場――風林火山はもう古い』

武田信玄といえば，軍師山本勘助，側室の諏訪御料人《すわごりょうにん》と連想が進むが，諏訪御料人に姉がおり彼女もまた信玄の妻となったことを知る人は少ない。姉の名は八重姫。彼女は武田家滅亡後，甥にあたる勝頼の遺児を連れて川越に落ち，真宗寺院「真行寺」を開基した。真行寺に伝わった寺伝の解析により，八重姫の波乱に満ちた一生が明らかにされる。（2007 年 10 月刊）

『武田勝頼「死の真相」――理慶尼記《りけいにき》の謎を解く』

武田家の滅亡を克明に描いた『理慶尼記』は，これまで江戸時代中期に成立した小説であり，作者は理慶尼（信玄の従妹）ではないとされてきた。筆者が偶然入手した江戸後期の刊本『理慶尼記』の末尾には「寛永 13 年の古写本により校訂」との朱があり，これにより『理慶尼記』の成立が寛永 13 年（1636）以前，つまり江戸初期に遡ることが明らかになり，作者が理慶尼であることも証明された。さらに各所の朱を読み進むうちに，この作品に作者が二人いるという新たな発見に至る。もう一人の作者は，諏訪の八重姫であった。（2008 年 11 月刊）

『武田晴信朝臣百首和歌全釈――信玄公の初恋』

『武田晴信朝臣百首和歌』は，山梨県南アルプス市の古刹《こさつ》法善寺に伝わったとされる。これまでその一部は現代語訳されてきたが，本書は全訳に挑戦したものである。その結果，『百首和歌』は信玄とその恋人の和歌を集めたものであることがわかってきた。作品を分析すると，その恋人は諏訪氏の娘で，信玄の妻となり子供を一人産んでいる。彼女こそ，諏訪御料人の姉の八重姫であり，史書で「禰津《ねづ》夫人」と呼ばれている女性である。（2010 年 2 月刊）

［以上すべてＡ・Ｓ・Ｎ ニルの学舎出版部刊］

著者紹介

松本憲和（まつもと・のりかず）

1954年京都生まれ。私立灘高校卒（新制24回）。東京大学大学院人文科学研究科（中国文学）修士課程修了。国語専門塾「A・S・N ニルの学舎」（通称「ニルの学校」）代表。高校生に古文（特に『源氏物語』），漢文，センター現国（小説）を教えている。趣味は茶道（織田有楽流），軽登山，歴史研究（特に甲斐武田家）。

著書 『諏訪の八重姫登場―風林火山はもう古い』
『武田勝頼「死の真相」―理慶尼記の謎を解く』
『武田晴信朝臣百首和歌全釈―信玄公の初恋』
（以上，A・S・N ニルの学舎出版部刊）

久米真美（くめ・まみ）

東京生まれ。白百合大学文学部卒。現在「ニルの学舎」古典科主任。華道（古流松麗会）家元である母の助手としても活躍中。

クイズで学ぼう！古典文法［基礎編］

2011年9月25日　初版第1刷発行

著者　松本憲和
　　　久米真美

発行者　武市一幸

発行所　株式会社　新評論

〒169-0051　東京都新宿区西早稲田3-16-28
http://www.shinhyoron.co.jp

電話　03（3202）7391
FAX　03（3202）5832
振替　00160-1-113487

定価はカバーに表示してあります
落丁・乱丁本はお取り替えします

装訂　山田英春
印刷　神谷印刷
製本　手塚製本

ISBN978-4-7948-0878-3
Printed in Japan